선문사변만어

禪門四辨漫語

동국대학교 불교기록문화유산아카이브사업단(ABC)
본서는 문화체육관광부 지원으로 동국대학교 불교학술원에서 간행하였습니다.

한글본 한국불교전서 조선 13

선문사변만어

2012년 9월 15일 초판 1쇄 발행
2021년 4월 5일 초판 2쇄 발행

지은이 초의 의순
옮긴이 김영욱
발 행 도서출판 학교법인 동국대학교출판문화원

출판등록 제2020-000110호(2020년 7월 9일)
주소 04626 서울시 중구 퇴계로36길2 신관1층 105, 106호
전화 02-2260-4714
팩스 02-2268-7851
Homepage http://dgpress.dongguk.edu
E-mail abook@jeongjincorp.com

편집디자인 꽃살무늬
인쇄처 일흥

ISBN 978-89-7801-370-3 93220

값 11,000원

한글본 한국불교전서 조선 13

선문사변만어
禪門四辨漫語

초의 의순草衣意恂
김영욱 옮김

학교법인 동국대학교
출판문화원

한글본 한국불교전서를 펴내며

『한국불교전서韓國佛敎全書』(전14책, 동국대학교출판부)는 1700년 역사를 지닌 한국 불교사상의 정수를 담은 책으로서 한국의 사상과 문화의 보고이다. 전서는 삼국시대부터 1900년대 초에 이르기까지 한국에서 찬술된 불교문헌을 집대성한 것으로서 국내외 연구자들에게 한국의 사상과 역사 및 문화를 연구하는 데 활용도가 매우 큰 것으로 인정받고 있다.

이렇듯 정성 들여 수집하고 간행한 전서의 모든 문헌을 이 시대의 언어감각에 맞게 번역하고 이를 간행하여 일반 독자들에게 제공하는 것은 우리 세대의 시대적 과제라 할 수 있다. 이는 한국 문화의 우수성을 우리 스스로 확인하고 이를 바탕으로 새로운 문화를 창조하는 데 필요한 것으로서 우리 시대에 수행해야 하는 문화적 사명임이 분명하다.

이에 동국대학교 불교문화연구원에서는 『한국불교전서』를 역주하여 『한글본 한국불교전서』를 펴내는 바이다. 이를 통해 오랜 세월 동안 묻혀 왔던 보배와 같은 문헌들과 위대한 사상가들이 새롭게 조명되고 일반 독자들에게도 널리 읽히는 계기가 되기를 기대한다. 또한 이를 통해 한국 문화의 우수성을 재발견하고 우리 시대에 새로운 호흡을 불어넣는 가치관을 제시하는 데 밑거름이 될 것으로 기대한다.

사업의 진행과 역서의 출간에 도움을 준 문화체육관광부와 동국대학교 관계자 여러분께 심심한 감사를 드리며, 전서의 번역과 한글본의 완간이 마무리될 때까지 지속적인 성원이 있기를 당부드린다. 아울러 여러 가지 어려운 상황 속에서도 사명감을 가지고 동참해 주신 역자 여러분께 재삼 감사드린다.

2010. 6.

동국대학교 불교문화연구원장

선문사변만어禪門四辨漫語 해제

김 영 욱
가산불교문화연구원 책임연구원

1. 개요

본서는 초의 의순草衣意恂(1786~1866)이 백파 긍선白坡亘璇(1767~1852)의 삼종선三種禪 이론을 논박하고 선禪을 보는 바른 관점을 확립하려는 의도에서 저술한 책이다.

백파는 임제 의현臨濟義玄(?~867)이 세 구절(三句)로 드러낸 종지에 근거하여 선을 조사선祖師禪·여래선如來禪·의리선義理禪 등 세 가지로 구분하였다. 이러한 삼종선 이론을 드러낸 저술이 백파의 『선문수경禪文手鏡』이고, 본서는 이에 대하여 본격적으로 비판을 가한 결과물이다. 이후에 삼종선을 둘러싸고 벌인 논쟁은 초의의 반론에서 주요한 논점을 얻었다.

삼종선의 의미를 임제의 세 구절에서 확보했기 때문에 각각의 선법을 그 삼구에 짝짓는 방식도 백파에게는 자연스러운 귀결이다. 초의는 이 분류의 맥락과 개념에서 특히 의리선을 비판의 대상으로 거론한다.

백파가 '제1구는 조사선, 제2구는 여래선, 제3구는 의리선'이라 하며 삼구와 삼종선을 연결하는 방식에 초의는 반대하지만, 무엇보다 '의리선이 선禪의 본질에서 벗어났을 뿐만 아니라 가장 하열한 선법'이라는 백파의 주장에 대해 강하게 비판한다.

이 의리선을 둘러싼 갈등은 두 사람이 지향하는 선법과 언어관의 차이에서 빚어진 것이다. 의리선은 갖가지 이치(義理)를 담은 언어로 선의 경계를 전한다. 백파는 이렇게 언어와 이치에 의존하는 방법이 선의 본질을 가로막는 장애물이라고 보았지만, 초의는 선의 경계를 드러내는 유용한 수단으로 받아들인다.

백파는 교문教門의 모든 교법뿐만 아니라 선문禪門의 정통 다섯 종파에 대해서도 삼종선의 관점에서 평가한다. 임제종臨濟宗과 운문종雲門宗은 최상의 분류인 조사선에, 법안종法眼宗·위앙종潙仰宗·조동종曹洞宗은 두 번째인 여래선에 각각 배대하고, 하택종荷澤宗은 의리선에 각각 짝짓는 방식이 그것이다. 초의는 이 분류가 타당하지 않다는 점을 여래선에 속하는 종파(특히 위앙종)의 근본 자료를 제시하여 구체적으로 논박한다. 초의는 하위로 분류된 이들 종파가 정통의 조사선과 조금도 다르지 않다는 사실을 입증함으로써 백파가 자신의 틀에 예속되어 진실에 눈을 뜨지 못하고 있다고 공격한다.

백파의 방법은 삼처전심三處傳心·삼현三玄·삼요三要·살활殺活 등에도 적용된다. 이들을 각각 임제의 삼구에 대응시켜 가치상의 서열을 매긴다. 초의는 삼처전심 중 어느 한편에는 살殺만 있고 활活이 없다거나 그 반대라거나 혹은 두 가지 모두 가지고 있다는 등으로 분류하여 여래선과 조사선에 각각 배대하는 백파의 방식을 들추어내어 비판한다.

초의는 의리義理를 배척하는 백파의 관점에 대하여 언어의 수단을 거부하는 부정적 지향이 조사선의 특징은 아니라고 맞선다. 한발 더 나아가 초의는 백파가 창안한 의리선과 같은 개념은 선의 전통에서 없었던 것일 뿐만 아니라 논리적으로도 성립할 수 없다고 주장한다.

초의는 의리선을 개념화하여 쓴다면 교敎를 근거로 하는 여래선과 다르지 않다고 말한다. 여래선은 차별된 근기를 가진 각 사람들의 수준에 맞추어 다양한 의리를 전하므로 의리선과 다르지 않다는 뜻이다. 반면에 일정한 교의 격식을 파괴하는 방법으로 선禪의 종지를 드러내는 조사선은 의리선과 대칭하여 격외선格外禪이라 부른다고 평가한다.

백파는 이 두 가지 선을 우열 관계로 갈라놓았지만 초의는 각각의 특징이 다를 뿐 어느 편이 더 낫다고 평가할 수는 없다고 논박한다. 또한 여래선과 조사선 이외에 제3의 의리선을 설정할 필요도 없다고 주장한다. 백파는 자신이 분류한 삼종선 중에서 조사선을 선의 정수를 나타내는 가장 우월한 선법으로 간주하고 나머지 두 선은 그것을 부각하여 드러내는 종속적인 도구로 활용하지만, 초의는 단계적 가치로 분류하는 삼종선을 인정하지 않고 임제의 삼구가 모두 평등한 효용을 지닌다고 본다. 이 때문에 그것을 삼종선의 우열에 짝짓는 것도 불가능하다는 관점에서 백파의 설을 비판한다.

초의는 주로 선禪과 교敎가 불가분의 관계라는 이해를 바탕으로 접근하고, 백파는 조사선이 가장 탁월하다는 가치 판단에 근거하여 조사선의 실천 방법을 부각하는 방향에서 나머지 두 선법을 배경으로 활용하고 있다. 백파가 분류한 방식에는 가치와 서열이 뚜렷하지만 그렇게 볼 수 없다는 주장이 초의가 내세우는 주된 반론이다.

2. 저자

초의 의순[1]의 속성은 장張씨, 자는 중부中孚이다. 조선 말

정조 10년에 해당하는 1786년 4월 5일 전남 나주군 삼향면에서 출생하였다.

약관의 나이에 월출산月出山을 지나다가 수려한 산세에 이끌려 산사山寺에 머무는 계기를 맞이하였다. 16세가 되던 1802년(순조 2) 나주군 다도면茶道面 암정리岩亭里 덕룡산德龍山 운흥사雲興寺로 찾아가 벽봉 민성碧峰珉聖을 은사로 출가하였다.

그 뒤 대흥사大興寺에서 완호 윤우玩虎倫佑(1758~1826)로부터 구족계를 받고, 얼마 지나지 않아 그의 법을 계승하면서 초의라는 법호도 얻었다. 선법禪法은 금담金潭으로부터 배웠다. 고대 문자인 거로슬타佉盧虱吒[2]를 잘 썼으며 신장상神將像 그리기에도 능했다.

1801년(순조 1) 다산茶山 정약용丁若鏞(1762~1836)이 강진康津에 귀양 갔을 때 찾아가 교유하였다. 당시 다산은 초의의 시문에 대하여 칭찬을 아끼지 않았다.

영동嶺東을 돌아다니다 금강산을 순례하고 서울에 들어가

---

1 초의 의순草衣意恂 : 입적 연대에 대하여 위당威堂 신헌申櫶이 지은 비문에는 1866년, 이희풍李喜豊이 지은 비문에는 1865년이라고 했다.

2 거로슬타佉盧虱吒 : Ⓢkharoṣṭī-lipi, kharoṣṭrī-lipi. 고대 북인도 파미르고원 일대에서 쓰던 문자. 거서佉書 · 거로서佉盧書 · 거로슬타서佉盧虱吒書 등이라고도 하고, 여순문자驢脣文字라고 한역한다. B.C. 5백 년경 페르시아의 아나미자고체阿喇美玆庫體(Aramäische Type)에서 발생하여 북인도로 들어왔다.

서는 정조의 사위인 홍현주洪顯周와 그의 형인 홍석주洪奭周를 비롯하여 신위申緯·권돈인權敦仁·추사秋史 김정희金正喜 등과 왕래하였다. 추사의 뒤를 이었던 당대 서화書畵의 달인 소치小癡 허유許維와 친분을 유지하며 서화를 연마하여 이 방면에도 이름을 떨쳤다. 당시 받은 당본 서체書體 중 화엄예참법華嚴禮懺法을 연습한 끝에 『법화경』 전체를 필사한 뒤 평생 동안 독송하였다. 이러한 이력에 따라 중국 동림사東林寺의 혜원慧遠법사나 서악사西岳寺의 화가 관휴貫休와 버금간다는 평가를 받았다.

1866년(고종 3) 8월 2일 대흥사 일지암一枝庵에서 세수 81세, 법랍 65세로 입적하였다. 저서로는 본서 이외에도 『초의시고草衣詩藁』 2권·『진묵조사유적고震默祖師遺蹟考』 1권 그리고 차와 관련된 『동다송東茶頌』 1권·『다신전茶神傳』 1권 등이 있다.

3. 서지 사항

『한국불교전서』 제10책(820b1~830b20)에 수록된 『선문사변만어禪門四辨漫語』의 저본은 동국대학교에서 소장하고 있는 연인본沿印本이다. 이것이 본서의 유일한 판본으로서 "대정 2년(1913) 5월 25일 인쇄, 같은 해 6월 10일 발행, 편집 겸 발행자

고벽담高碧潭, 발행소 대흥사大興寺"라고 간기가 적혀 있다.

서지상의 특별한 점은 없다. 다만『한국불교전서』에서는 저본의 오탈자를 잡아내지 않고 대부분 그대로 답습하였고 저본에 보이지 않는 오탈자도 몇 부분 발견된다. 이처럼 저본의 오탈자가 남아 있는 이유는 교감상 최후의 점검사항이라 할 수 있는 내용에 따르는 글자 검토를 처음부터 고려하지 않았기 때문으로 추정한다.

4. 내용과 성격

이 책을 구성하는 주요 내용은『선문수경』에서 제시한 백파의 삼종선에 대한 비판이다. 삼종선 논쟁의 시발이 된 초의의 논박은 의리선을 중심으로 이루어진다. 애초에 백파가 분류한 조사선과 여래선은 이전부터 쓰던 용어이며 의리선은 백파가 조사선을 좀 더 효과적으로 이해하기 위하여 그 대립 개념으로 설정한 것이었다. 초의의 주안점은 바로 이 의리선에 대한 비판에 있다. 이는 그들 선법의 중추를 이루는 견해가 정면에서 충돌한다는 의미이다.

그렇다면 백파가 임제삼구에 차등을 두고 언어의 방편에 인색하였던 이유는 무엇일까? 이것은 이상적인 화두話頭를 실현하려는 의도에서 비롯한다.

화두를 공부하다가 화두에 들어 있는 언어와 관념의 길이 모조리 끊어져서 어떤 의리義理도 무용지물이 되는 은산철벽銀山鐵壁의 경계에서 공부는 극치를 맞이한다. 이러한 지향점에서 조명해 보면 간화선看話禪의 방법을 배경에 두고 의리선을 창안하여 언어의 방편을 여지없이 무너뜨렸던 백파의 문제의식을 발견할 수 있다. 특정한 이치로 모색하는 길(理路)과 뜻으로 모색하는 길(義路)이 모두 통하지 않아서 언어의 구절에 잠재된 관념의 망상과 분별의식이 사라진 경계를 이상으로 여겼던 백파가 그 대립으로 의리선을 설정하면서부터 자신의 본의가 분명하게 드러난다. 간화선의 화두가 지니는 본질을 선명하게 드러내 보이기 위해서는 의리선이 필요하였던 것이다. 이러한 구상이 삼종선을 탄생하게 한 원천이다. 화두의 본질을 드러내고자 결국은 내쳐 버릴 제3구와 의리선의 희생이 절실하게 필요했고, 여기서 삼종선의 구도가 창의적으로 연출된 것이다.

초의는 여래선과 조사선을 무차별하게 수용하는 견해에 뿌리를 내리고 있을 뿐, 간화선과 같이 언어를 보는 특정한 근거를 견지하지 않는다. 이 때문에 의리를 부정하지 않으며 의리 자체가 선의 진실을 규명하는 주요한 수단이라 여긴다.

그는 모든 경전이 철저하게 중생의 근기에 따르는 설법이라고 이해하고 구태여 이것을 넘어서려는 시도는 하지 않았다. 따라서 제3구가 언어의 함정에 떨어진 미혹의 구절이 아니라 오히려 삼현과 삼요, 방편과 진실(權實), 그리고 비추어 봄과 드러나 작용함(照用) 등 모든 뜻과 도리(義理)를 포괄하고 있다고 푼다. 여기에는 이처럼 갖가지 차별뿐만 아니라 무차별의 본분을 동시에 구현하고 있다.

임제삼구에 각각 짝지은 백파의 삼종선은 다음과 같다. "제1구에서 알아차리면 부처와 조사의 스승이 될 자격이 있다."고 한 임제의 제1구는 언어의 규범적 틀(格)에서 벗어난 조사선이자 격외선格外禪에 짝짓는다. 임제가 "제2구에서 알아차리면 인천人天의 스승이 될 자격이 있다."고 한 제2구는 모든 언어에서 자유로운 제1구와는 달리 친절하게 갖가지 말로 자세히 전하므로 여래선에 짝짓는다. 마지막으로 임제가 "제3구에서 알아차리면 자기 자신도 구제하지 못한다."고 한 제3구는 제2구보다 한 단계 더 내려가 언어에 의미를 부여한 결과 그것에 의식이 속박되어 있는 지경이라고 하여 의리선에 짝짓는다. 언어에 담긴 여러 가지 뜻과 도리에 의식이 지배당하고 있는 의리선은 선에 대한 견해일 뿐 그 핵심은 남아 있지 않다고 비판함으로써 화두의 속성을 전하기 위한 기초를 확고하게 다진 것이다.

이 주장에 대하여 초의는 제3구를 의리선이라는 이름으로 배척하는 것은 다양한 언어와 이치(義理)로 본래의 경지를 전하는 수단에 대한 몰이해라 비판하고, 오히려 제3구야말로 무수한 언어와 개념을 자유자재로 구사하여 불교의 특징인 방편설方便說을 잘 드러내고 있다는 주장을 펼친다. 초의는 이러한 방식이야말로 어디에도 걸리지 않는 경지를 효과적으로 이끌어 낼 수 있는 참된 선의 방법이라고 보는 견해를 초지일관 유지한다.

초의는 삼종선이라는 단계적 분류 자체를 인정하지 않고, 제3구를 포함한 임제삼구가 모두 평등하게 효용을 가지고 있다는 관점에서 백파의 설을 논파한다. 마찬가지 관점에서 삼처전심·삼현·삼요 등의 개념들 역시 동일한 분류법을 적용하여 임제삼구에 배대하고 있는 백파의 설까지 비판한다.

초의는 제1구와 제2구뿐만 아니라 제3구도 종지를 보이기 위한 방편으로 불법의 본질과 어긋나지 않는다고 여긴다. 여기에는 이전의 두 구절에 없던 삼현에 대한 자세한 해설이 갖추어져 있다. 이들 삼구 사이에는 우열이 존재하지 않고, 근기의 차별에 따라 삼구 모두 유효하게 활용할 수 있다.

초의는 제3구의 풍성한 방편을 외면한 백파의 잘못이 청풍 법사清風法師[3]의 설에 대한 오해에서 초래되었다고 주장한다.

---

3 청풍 법사清風法師 : 고려 때 진정 국사眞靜國師 천책天頙의 호. 본문에

초의는 삼구를 평등하게 모두 허용하는 기반에서 언어의 방편에 부정적 견해를 나타내는 백파의 주장을 논파한 것이다.

따라서 제3구의 의리 역시 뛰어난 솜씨를 가진 종사宗師가 서로 다른 상황에 따라 적절하게 말한 구절인 것이다. 더구나 백파가 본보기로 삼았다는 청풍 법사의 진실한 뜻도 그와 같다고 함으로써 백파의 자가당착을 드러내기도 한다. 초의는 풀어서 펼치는 설명은 무엇이 되었건 제3구에 해당하고, 이 구절에 삼현이 빠짐없이 들어 있으며, 하나의 현玄에는 삼요가 갖추어져 있다고 주장한다. 이와 같이 초의는 제3구가 포괄하는 범위를 확장하여 무한한 설명력을 부여하였다.

백파는 조사선과 여래선을 하나로 묶어서 격외선으로 분류하면서 의리선과 구별하였다. 초의는 "원래 격외라는 말은 있었지만 격외선이라는 용어는 없었다."고 하면서 이러한 분류 자체를 인정하지 않았다.

초의는 언어로 전하는 형식이 있기만 하면 여래선으로 분류할 수 있다고 한다. 또한 그 언어는 본질적으로 의리를 전달하기 위한 수단이므로 의리선과 다르지 않다고 평가한다.

나오는 일우一愚도 천책이 스스로 어리석은 자라는 뜻으로 자신을 가리키는 겸칭謙稱이다. 백파의 『禪文手鏡』은 천책의 『禪門綱要集』에 근거하여 발상한 책이다. 천책의 이 책이 삼종선 논쟁의 근본 자료를 제공하고 있는 원천인 셈이다.

이것은 언어 이외의 수단에 의지하는 격외선과 다른 점이기도 하다.

따라서 초의는 의리선과 격외선을 방법상의 분류라는 점에서는 받아들이지만 차별의 관점에서 보지는 않는다. 마찬가지로 조사선과 여래선은 법을 전하는 여래와 조사라는 주체의 차이이며, 여기에도 우열은 없다고 한다. 초의는 자신의 이러한 설이 총림에서 대대로 이어진 전통이라 주장한다.

부처님과 가섭迦葉이 세 차례 주고받은 심인心印은 선종의 깨달음을 나타내는 징표로서 '삼처전심'이라 한다. 부처님께서 당신이 앉은 자리를 나누어 앉도록 하신 분반좌分半座, 꽃을 들어 대중에게 보이시자 가섭이 미소로 응답한 염화미소拈花微笑, 열반에 드셨을 때 뒤늦게 도착한 가섭에게 관 밖으로 발을 내보이신 곽시쌍부槨示雙趺 등 세 가지가 모두 언어의 격을 넘어선 전수 방식이다.

백파는 이것에 대해서도 살殺과 활活로 나누어 해석하지만, 초의는 살·활 중 한 방법을 중심으로 삼을 뿐 각각 하나에 대응하는 것이 아니라고 비판한다. 살이라는 부정에는 반드시 활이라는 긍정이 숨어 있고 활의 방법에는 살이 들어 있어야 선의 본질을 담을 수 있기 때문이다. 이 때문에 임제삼구 중에서 제1구에 살과 활을 모두 갖추고, 나머지 두 구절은 한편으로 치우쳤다고 평가 절하하는 백파의 주장은 타당하지 않다고 한다.

5. 가치

이 책은 초의가 백파 선론에 대해 제기한 반론이 계기가 되어 성립되었다. 화두 참구의 안목을 근본으로 견지하면서 언어의 길이 끊어진 제1구를 부각하는 백파의 설에 대하여 초의는 모든 방편의 언어를 포용하는 견해로 비판한다. 이러한 뜻으로 보면 백파와 초의는 언어를 수용하는 틀 자체가 다르다는 사실을 간파할 수 있다. 이 언어관의 차이가 이들의 선사상을 갈라놓는 결정적인 요인으로 작용한다.

초의는 전통적인 모든 언어가 근본을 지시하는 방편으로 적절히 사용되기만 하면 듣는 대상에 따라서 뛰어난 수단이 된다는 전통적 교학의 관점을 유지한다. 반면에 백파는 방편으로서의 수단이 전혀 통하지 않는 화두의 본질을 실현하는 한에서만 언어를 인정한다. 그러자면 언어는 갖가지 방편으로서의 효용이 무화되어 더 이상 뚫을 수 없는 벽에 부딪히는 순간을 맞이하고서야 비로소 그 기능을 발휘한다.

초의는 백파를 비판하면서 자신의 선론禪論을 자유롭게 전개하였지만 백파의 본질을 간과하여 정작 그 비판 안에 백파

선론의 알맹이는 담지 못하고 하찮은 찌꺼기만 남겨 두었을 뿐이다. 따라서 초의의 비판으로 백파가 입는 상처는 지극히 미미했다. 조사선을 부각하기 위해 가상으로 설정한 의리선 비판에 백파 선론의 본질이 온전히 담겨 있다. 백파가 조사선의 배경물로 가설한 의리선에 초의는 조사선과 평등한 무게를 실어 준 다음 방편설과 연결시킴으로써 백파의 초점에서 벗어났다.

이런 까닭에 초의는 의리선을 옹호하고 방편의 언어를 긍정하는 방법을 통해서 자신의 선론을 분명하게 전개하기는 하였으나, 백파의 핵심을 흔들어 놓는 비판을 발휘하지는 못했다. 오히려 화두로 제기한 백파의 언어관이 초의의 비판으로 새삼 드러나게 되는데, 이들 사이의 논쟁이 거둔 성과는 이처럼 각자가 뿌리내린 지반과 안목이 서로 뚜렷이 대비되면서 자연스럽게 밝혀졌다는 점이다.

초의는 조사선과 여래선의 동이점에 대해서도 삼종선에 대한 견해와 마찬가지로 무차별의 본질을 중시한다. 이들 두 선은 본질적으로 차이가 없으며 전하는 방법이 다를 뿐이라고 주장한다. 다시 말해서 여래선은 다양한 방편의 언어를 활용하여 의리를 전하고, 조사선은 언어의 정형과 격률에 속박되지 않고 종지를 전한다. 이러한 차이를 인정하지만 차등이나 우열은 없다고 봄으로써 조사선이 최고의 선법이라 주장하는 백파의 설을 비판한다.

먼저 말한 사람은 하나의 종지와 언어관에 충실하였고, 나중에 비판한 사람은 불교의 권역에서 파생한 모든 유형의 언어를 하나도 내치지 않고 포용하였다. 그러나 초의가 품은 이 포용력에는 얼마간의 오해도 들어 있다. 제3구야말로 무수한 언어와 개념을 자유자재로 구사하여 불교의 특징인 방편설을 잘 드러내고 있다는 초의의 주장은 임제가 "제3구에서 알아차리면 자기 자신도 구제하지 못한다."고 한 본래의 뜻과는 사뭇 다르다. 임제는 명명백백하게 제3구의 가치를 비판적으로 설정하였고, 백파의 의리선은 바로 이 제3구에 착안한 발상이었다. 초의는 제3구 자체가 아니라 의리선과 짝지은 제3구를 비판하면서 동시에 '의리'만 추출하여 살려낸 것이다.

두 사람의 견해는 마주치는 순간부터 논쟁할 수밖에 없도록 확연하게 갈라지지만, 이 모순은 한 덩어리가 되어 간화법과 교학적 도구의 활용이 대립의 긴장 속에 조화를 이루게 된다. 이들의 견해는 두 편으로 그대로 갈라져 후인들의 논쟁으로 이어진다. 우담 홍기優潭洪基(1822~1881)는 『선문증정록禪門證正錄』을 지어 백파의 설을 비판하면서 초의의 견해를 지지했고, 설두 유형雪竇有炯(1824~1889)은 백파의 견해가 타당하다는 관점에서 『선원소류禪源遡流』를 지어 우담의 설과 초의의 주장을 함께 비판하였다. 그 성패에 상관없이 백파와 초의는 활력을 상실한 조선 후기 불교학계에 얼마간의 관심을 선도하였다고 평가할 수 있다.

6. 참고 자료

김영욱, 「조선말 삼종선 논쟁」, 한국사상연구소 편, 『자료와 해설, 한국의 철학사상』, 예문서원, 2001.

희철, 「백파와 초의의 선리논쟁 연구」, 동국대학교 박사학위 논문, 2009.

차례

일러두기

1 '한글본 한국불교전서'는 문화체육관광부의 지원을 받아 동국대학교 불교문화연구원에서 수행하고 있는 '한국불교전서역주' 사업의 결과물을 출간한 것이다.

2 이 책의 번역은 『한국불교전서』(동국대학교출판부 간행) 제10책 『선문사변만어禪門四辨漫語』를 저본으로 하고, 연인본沿印本 『선문사변만어』(동국대학교 소장)와도 대교對校하였다.

3 원문 교감 내용은 원문 단락이 끝나는 아래에 실었다. 『한국불교전서』의 교감 내용은 ㉯으로, 역주자의 교감 내용은 ㉰으로 구분하여 밝혔다. 본교本校 및 타교他校 과정을 거쳐 이치상 옳다고 판단한 글자나 구절을 취하여 번역하였다.

4 이 책의 편장篇章은 저본의 기본 편제와 내용을 고려하여 역주자가 임의로 나누고 제목을 붙인 것이며, 단락 역시 독자들이 글의 맥락을 파악하기 쉽도록 역주자가 구분하였다. 다만, 원전에 제목이 달려 있는 경우에는 이를 그대로 취하였다.

5 백파 긍선白坡亘璇의 견해를 논점에 따라 먼저 제시한 후에 이를 낱낱이 논파하고 있는 이 책의 체재를 분명히 드러내고 독자들이 알아보기 쉽도록 하기 위해 그 견해가 제시된 단락의 번역 첫머리에는 ●표를 하였다.

6 술어의 개념 정의만으로도 뜻이 통하고 원전의 전거를 밝히는 것만으로도 도움이 될 경우에는 간략하게 주석을 처리하였고, 술어가 내포하고 있는 함축적 의미를 살펴야 하거나 원전 문구의 시원始原이 되는 전거 또는 관련 문헌을 통해 한층 명료하게 뜻을 살필 수 있다고 판단한 경우에는 해당 내용을 주석에 인용하고 번역하여 이해를 돕고자 하였다.

7 번다하지 않은 정도의 부호를 사용하여 표점을 달되, 역주자가 원문을 어떻게 해독하였는지 드러나도록 하였다. 세주細註에는 【 】표를 하였다.

8 『고려대장경高麗大藏經』은 K로, 『한국불교전서韓國佛敎全書』는 H로, 『가흥장嘉興藏』은 J로, 『대정신수대장경大正新脩大藏經』은 T로, 『신찬대일본속장경新纂大日本續藏經』은 X로 표시하였다.

선문사변만어
禪門四辨漫語

초의 의순草衣意恂

선문사변만어禪門四辨漫語 서序

고덕은 이렇게 말했다.[1] "선禪은 부처님 마음이다. 마음에서 얻으면 삼장교三藏教[2]의 문구뿐만 아니라 거리에서 쓸데없이 나누는 이야기와 새들의 지저귐까지도 모두 선을 나타내는 뜻(禪旨)이 되지만,[3] 마음[4]에 얽매여 근본을 잃어버리면 염

1 서산 휴정西山休靜의 말이며, 『禪家龜鑑』(H7, 635b~c)의 구절을 절충하여 썼다. 서문의 필자 원응 계정圓應戒定은 서산의 말을 근거로 초의가 우리나라 선의 적통을 계승하고 있다는 점을 은근히 드러내고 있다.

2 삼장교三藏教 : 경經·율律·논論 등 세 종류로 분류한 불교의 교법 전체.

3 『禪家龜鑑』(H7, 635c), "마음에서 얻은 자는 비단 길거리에서 하는 이야기도 법의 요체를 잘 말하는 것이라 여길 뿐만 아니라 제비의 지저귐에서도 실상에 깊이 통달한다. 그러므로 보적寶積 선사는 곡하는 소리를 듣고 몸과 마음이 기쁨에 넘쳐 솟아올랐고, 보수寶壽 선사는 주먹다짐하는 광경을 보고 본래면목을 활짝 깨달았다는 이야기도 이러한 까닭에서 나온 것이다.(得之於心者, 非但街談善說法要, 至於鷰語, 深達實相也. 是故, 寶積禪師, 聞哭聲踊悅身心, 寶壽禪師, 見諍拳開豁面目者, 以此也.)" 이 말들은 현사 사비玄沙師備의 다음 법어를 활용한 구절이다. 『玄沙師備廣錄』 권하(X73, 19b19), "법좌에 올라앉아 제비가 지저귀는 소리를 듣고서 '실상을 깊이 이야기하고, 법의 요체를 잘 설하는구나'라고 한 뒤 법좌에서 내려왔다.(上堂, 聞燕子叫云, '深談實相, 善說法要.' 便下座.)"

4 마음 : 『禪家龜鑑』에는 마음 '심心' 자가 아닌 입 또는 말을 뜻하는 '구口' 자로 되어 있다.

화미소拈花微笑[5]의 소식도 모두 교의 자취[6]가 될 뿐이다."

의리선義理禪과 격외선格外禪, 조사선祖師禪과 여래선如來禪, 살활殺活과 기용機用, 진공眞空과 묘유妙有[7] 등은 모두 마음을 근거로 하여 나타나는 것들이다. 따라서 마음에서 벗어나 선禪을 말한다면 물에서 떠나 파도를 찾는 지경이라고 할 만한데 진실의 땅이나 이치의 하늘[8]과 무슨 관계가 있겠는가!

古德云, "禪是佛心. 得之於心, 則三藏敎文, 乃至閒談鳥語, 皆爲禪旨 ; 失之於心, 則拈花微笑, 却爲敎迹." 義理格外, 祖師如來, 殺活機用, 眞空妙有, 皆由心而現出, 則若離心而論

5 염화미소拈花微笑 : 부처님이 영취산에서 한 송이 꽃을 들어 보였을 때 청중들이 모두 어리둥절해하였으나 오로지 가섭만이 미소를 지어 그 마음에 화답하였다는 이야기. 제1편 「백파의 삼종선론 비판」 각주 2) 참조.

6 교의 자취(敎迹) : 교법敎法의 자취. 마음이라는 근본을 잃어버리면 염화미소라는 교외별전敎外別傳의 선지禪旨도 언어의 관념으로 전락한다는 취지이다.

7 이 네 가지 주제는 이 책 제2편에서 다루어지고 있는데, 『禪門四辨漫語』의 핵심 논점이기도 하다.

8 진실의 땅이나 이치의 하늘(實地義天) : 진실과 이치의 기준을 하늘과 땅으로 상징한 말. 『注大乘入楞伽經』 권3(T39, 454a6), "삼三은 삼 자체가 아니니 일성一性이 원만하고, 일一은 일 자체가 아니니 삼성三性이 갖추어져 있다. 거두고 펼침에 아무것도 잃지 않고 숨고 나타남에 항상 그대로이다. 일도 아니고 삼도 아니니 '진실의 땅'에서 성性과 상相의 차별을 모두 없애고, 삼이면서 일이니 '이치의 하늘'에서 모든 차별을 밝게 펼친다.(三非三而一性圓, 一非一而三性具. 卷舒不失, 隱顯常如. 非一非三, 泯性相於實地 ; 而三而一, 耀行布於義天.)"

禪, 可謂離水而求波也, 於實地義天, 何有哉!

중부노中孚老[9]의 『사변만어』는 폭넓게 자료를 살피고 광범위한 증거를 제시하면서 진실로 예리하고 걸림 없이 작업한[10] 결과물로서 문투는 곧고 술어는 엄밀하여 근고에 독보적인 작품이다. 그런 까닭에 자비로운 교화를 펼치는 완전한 선善과 흠 없는 아름다움[11]이요, 세속을 일깨우는 탁월한 문장의 핵심이라 하는 것이다. 선문禪門의 (종지에 다가서는) 지름길로서 이것을 넘어설 작품이 없기도 하고 사람들의 간곡한 요청으로 감추어 둘 수도 없었기 때문에 길이길이 그 지혜의 수명을 늘여 세상에 남겨 두고자 한다.

中孚老之四辨謾語, 博覽廣證, 實所游刃, 筆直語嚴, 近古獨步. 所以慈化之盡善盡美, 礪世磨鈍之雄文大略也. 禪門之徑路, 莫越于斯, 其所固要, 不可韜光, 故欲永其壽.

---

9 중부노中孚老 : '중부'는 초의 의순草衣意恂의 자, '노'는 이름 뒤에 붙는 존칭.

10 유인游刃 : 『莊子』「養生主」에 나오는 말이다. 노련한 백정이 소의 뼈마디 틈으로 자유롭고 여유롭게 칼날을 움직이는 솜씨를 묘사한다.

11 진선진미盡善盡美 : 『論語』「八佾」에 나오는 말.

본사의 주지 백취운白翠雲 화상이 중부노의 증손 고벽담高碧潭·현손 임경연林鏡淵과 협력하여 발기하고 막 인쇄에 들어가려 하였는데 절의 대중과 문중에서도 자발적으로 기꺼이 기부하여 얼마간의 금액을 모았다. 이런 연고로 곧바로 인쇄하여 지역 안의 절에 배포하자 모두들 이것을 선가의 종지를 비추는 거울로 삼게 되었다. 선사先師[12]를 기리는 소박하지만 정성스러운 마음이 아니었다면 어찌 이렇게 할 수 있었겠는가! 선문에 뜻을 둔 사람이 이 『사변만어』를 살펴본다면 틀림없이 진가를 분명하게 가려낼 줄 알 것이다.

本寺住持白翠雲和尙, 與其孚老之曾玄孫高碧潭林鏡淵, 協力發起, 方營印刷, 而寺內僉員及門中, 自願寄附, 募集多少金額. 故卽爲印刷, 發布於域內寺刹, 以爲禪家之要鑑. 非其爲先師之芹誠, 焉能如是哉! 有意於禪門者, 覽此謾語, 則直饒須知明辨得出矣.

대정 2년(1913년) 계축, 음력 4월 17일,
두륜산인 원응 계정[13]이 서문을 쓰다.

---

12 선사先師 : 앞서 세상을 떠난 스님. 주로 자신의 스승이나 직계에 속하는 선조에 대하여 붙이는 칭호이다. 여기서는 초의를 가리킨다.
13 원응 계정圓應戒定 : 1856~? 초의의 제자로 속성은 허許. 전라남도 해

大正二年癸丑, 陰四月十七日, 頭輪山人, 圓應戒定序.

남 녹산방鹿山坊 출신. 유년기에 해남 두륜산頭輪山 대흥사大興寺의 동화東化를 은사로 하여 출가하였다. 보제普濟·범해梵海·연주蓮舟·응화應化·월화月華 등 당시 5대 강사에게 경전을 배운 다음 개당開堂하여 영남과 호남의 여러 사찰에서 강설하였다. 『草衣集』을 간행할 때 서사書寫를 맡았고, 「草衣詩藁跋」을 쓰기도 했다. 『東師列傳』 권6 「圓應講伯傳」(H10, 1070c).

선문사변만어禪門四辨漫語

전라남도 해남군 두륜산 대흥사에 주석하는 해동사문 초의 중부자 의순 지음.

全羅南道, 海南郡, 頭輪山, 大興寺, 海東沙門, 草衣中孚子意詢[1)]著.

1) ㊄ '詢'은 '恂'의 오자이다.

영남에서 온 어떤 객승이 자신은 목부산 육은六隱[1] 노인의 법을 이어받은 제자라고 말했다. 비 때문에 발이 묶여 열흘 정도 묵으며 자기 스승의 선론禪論에 대하여 그가 펼쳐 보인 많은 이야기 속에 전래의 이치와 어긋나는 부분이 있어 근거를 인용하여 증명하고 바로잡겠다.

有客自嶺南來者, 自言木浮山六隱老之法胤. 滯雨十餘日, 盛言其師之禪論, 有反古義處, 引本證正.

1 육은六隱 : 백파 긍선白坡亘璇의 호.

제1편

백파白坡의 삼종선론三種禪論 비판

제1장 삼처전심三處傳心을 바라보는 시각

1. 백파의 설

자리를 나누어 앉은 것[1]에 담겨 있는 살殺은 오로지 살만 있을 뿐 활活이 없으므로 여래선이라 하고, 꽃을 들어 보인 것[2]에 담겨 있는 활은 살도 겸비하고 있으므로 기틀(機)과 활용(用)을 모두 갖추고 있어 조사선이라 한다.

---

1 자리를 나누어 앉은 것(分座) : 부처님이 다자탑 앞에서 가섭에게 당신이 앉은 자리의 반을 내주면서 앉게 한 것. 위경僞經인 『大梵天王問佛決疑經』 권상 「初會法付囑品」(X1, 419b1)에 이 일화가 보인다.

2 염화시중拈華示衆 또는 염화미소拈華微笑 : 교외별전敎外別傳을 나타내는 근원적인 설화이다. 『禪門拈頌說話』 5則(H5, 12c), "세존께서 영산靈山에서 설법하실 때 하늘에서 네 가지 꽃이 비 오듯이 내렸다. 세존께서 마침내 꽃을 들어 대중에게 보이자 가섭이 미소 지었다. 세존께서 말씀하셨다. '나에게 정법안장이 있으니 그것을 마하가섭에게 전하노라.'【어떤 본에는 '세존께서 청련목으로 가섭을 돌아보시자 가섭이 미소를 지었다'라고 되어 있다.】(世尊在靈山說法, 天雨四花. 世尊遂拈花示衆, 迦葉微笑. 世尊云, '吾有正法眼藏, 付囑摩訶迦葉.'【一本, 世尊, 以青蓮目顧視迦葉, 迦葉微笑.】)"

六隱老人云, "分座之殺, 但殺無活, 故爲如來禪；拈華之活, 兼殺故, 具足幾[1)]用, 而爲祖師禪."

1) 역 '幾'는 '機'의 오자이다.

2. 초의의 비판

"삼처전심三處傳心[3] 중에서 자리를 나누어 앉은 것(分座)은 살殺을 전했고, 꽃을 들어 보인 것(拈華)은 활活을 전했으며, 관 밖으로 발을 내어 보인 것(示趺)은 살과 활을 평등하게 보여 주었다." 이상은 구곡龜谷의 주장이다. (이것에 비추어 볼 때) '자리를 나누어 앉은 것에는 오로지 살의 방법만 있고, 꽃을 들어 보인 것에는 활과 더불어 살도 겸비하고 있다'고 한 백파의 말은 구곡의 말에는 없는 내용이다.

살과 활, 기틀과 활용(機用), 비춤과 작용(照用) 등은 본체와

3 삼처전심三處傳心 : 부처님이 가섭에게 마음을 전하여 적통의 제자임을 인증한 세 가지 상황. 부처님의 인가를 받은 가섭을 선종의 전등설傳燈說에서 서천西天 28조 중 초조初祖로 만든 근거가 된다. 분반좌分半座 · 염화미소拈花微笑 · 곽시쌍부槨示雙趺를 가리켜 삼처전심이라 한다. 분반좌는 『中本起經』 권하 「大迦葉始來品」(T4, 161a19) · 『大梵天王問佛決疑經』 권상 「初會法付囑品」(X1, 419b1), 염화미소는 『大梵天王問佛決疑經』 권상 「初會法付囑品」(X1, 418c19), 곽시쌍부는 『佛般泥洹經』 권하(T1, 174a5) 등에 근거한다.

작용(體用)이라는 틀과 함께 그 명칭이 다를 뿐이다. 만일 기틀과 활용을 분명하게 통달한다면, 살과 활이나 본체와 작용 등의 구분도 그것을 기준으로 알 수 있을 것이다.

"三處傳心中, 分座傳殺, 拈花傳活, 示趺殺活齊示." 此龜谷老之言. 今分座之但殺, 拈花活之兼殺, 龜谷說中無之. 夫殺活·機用·照用[1)]等, 與體用, 特其名異也. 若明達於機用, 殺活體用, 亦可以例知也.

1) ㉮ 연인본에는 '用' 다음에 '之'가 있다.

기틀과 활용이라는 말은 대기大機와 대용大用[4]을 뜻한다. '대기란 원만하게 응하는 것을 법도로 삼는 대용의 기틀이며, 대용은 곧바로 근원에 이르는 것을 법도로 삼는 대기의 활용이다.'[5] 원만하게 응하는 것은 활용인데 기틀이 그것을 얻어 법도로 삼는다고 한 말은 무슨 까닭에서인가? 기틀은 활용이 아니면 기틀이 될 수 없으니, 기틀이 기틀이 되는 이유는 원

4 대기대용大機大用 : '대기'는 근본적인 기틀, '대용'은 남김없이 드러내는 온전한 활용. 따라서 대기대용은 '근본적인 기틀의 온전한 활용'이라는 뜻으로 쓰이지만, 여기서는 '기용機用'을 설명하기 위하여 대기와 대용을 나누어 설명하고 있다.

5 『禪家龜鑑』(H7, 644a)의 글을 인용하면서 '대용의 기틀'과 '대기의 활용'이라는 말을 덧붙여 개작하였다.

만하게 응하는 활용의 속성을 지니고 있기 때문이다. 곧바로 근원에 이르는 것은 기틀인데 활용이 그것을 얻어 법도로 삼는다고 한 말은 무슨 까닭에서인가? 활용은 기틀이 아니면 활용이 될 수 없으니 활용이 활용이 되는 이유는 곧바로 근원에 이르는 기틀의 속성을 지니고 있기 때문이다. 그러므로 두 가지를 번갈아 가며 말함으로써 서로 의존하고 떨어지지 않는 기틀과 활용의 관계를 나타낸 것이다. 기틀과 활용의 관계가 이와 같은 것처럼 살殺과 활活이 서로 의존하며 떨어지지 않는 관계 또한 이와 같다. 그러므로 살을 전하더라도 반드시 활을 겸비하고 활을 전하더라도 반드시 살을 겸비한다는 진실을 알아야 하니, 이것은 그럴 수밖에 없는 이치이다.

여기서 백파가 '자리를 나누어 앉은 것에 담겨 있는 살殺은 오로지 살만 있을 뿐 활活이 없고, 꽃을 들어 보인 것에 담겨 있는 활은 살도 겸비하고 있다'고 하였지만, 결단코 이러한 이치는 없다. 단독이면 모두 단독이고 겸비하면 어느 편이나 겸비하는 법인데 그 어찌 (분좌의) 살은 활을 겸비하지 않고 (염화의) 활만이 살을 겸비한단 말인가? 비유하자면 사람의 한 몸에서 손발은 작용이고 온몸은 본체인 것과 같다. 손발을 들어 작용이라 말하면 온몸은 저절로 그 작용에 거두어지거늘, 온몸을 들어 본체라고 말한들 어찌 손발을 버리는 것이 되겠는가?

所言機用者, 大機大用. 大機, 以圓應爲義, 大用之機 ; 大用, 以直截爲義, 大機之用. 夫圓應是用也, 機得而爲義者, 何也? 機非用則不得爲機, 所以爲機者, 以有用之圓應也. 直截是機也, 用得而爲義者, 何也? 用非機則不得爲用, 所以爲用者, 以有機之直截也. 故交互而言之, 以現機用之相資不離也. 機用如是, 殺活之相資不離, 亦復如是也. 故知, 傳殺必兼於活, 傳活必兼於殺, 此必然之理也. 今言, '分座之殺, 但殺無活 ; 拈花之活, 活兼於殺.' 斷無是理. 單則俱單, 具則同具, 其何以殺不兼活, 活獨兼殺? 譬如人之一身, 手足用也, 全身體也. 擧手足而言用, 全身自收 ; 擧全身而言體, 手足其捨諸?

고덕이 말하였다.[6] "달마 대사가 인도로부터 와서 전한 소식은 특별히 이 일[7]을 펼쳐 보이기 위한 것이었다. 다만 말로 표현하기 이전에 송골매가 구름을 뚫고 솟아오르듯이 깨우치

---

6 원오 극근圜悟克勤이 한 말이다. 원오의 어록 세 부분에서 인용하고 있는데 임의로 글자를 고치고 이 글의 논지에 맞추기 위해 윤색을 가했다.

7 이 일(此事) : 수행자로서의 본분에서 반드시 마쳐야 할 일인 본분사本分事를 가리키는 선종의 용어이다. 손발이 닿는 가장 가까운 곳에 두어야 하는 시급한 일이기 때문에 '이 일'이라 한다.

고, 언구의 의미 밖에서 대붕이 날갯짓하듯이 훌쩍 속박을 벗어나고자 할 뿐이다.[8] 가장 빠른 길[9]로 모든 단계를 뛰어넘으며 어떤 점차적 계급에도 떨어지지 않는다.[10] 왕자의 보검을 쥐고 본분의 수단으로써 사람을 죽이기도 하고 살리기도 하며 자유자재한 경지를 누린다. 사람을 죽이는 이상 반드시 사람을 살리기도 해야 하고, 사람을 살리는 이상 반드시 사람을 죽이기도 해야 한다.[11]"

오로지 죽이기만 하거나 살리기만 한다면[12] 뛰어난 솜씨가 아니다. 만일 (세존께서) 자리를 나누어 앉은 것에 (백파의 말대로) 참으로 살殺만 있다면 세존은 뛰어난 솜씨가 없었던 것

---

8 달마 대사가……할 뿐이다 : 『圜悟語錄』 권15 「示諸禪人」(T47, 784b25)의 내용에 해당한다. 뒷부분은 "다만 말의 속박을 벗어나 체득하고, 기틀 밖에서 알아차리고자 할 뿐이다.(只貴言外體取, 機外薦取.)"라고 되어 있다.

9 가장 빠른 길(直拔) : 경직徑直과 같은 뜻.

10 가장 빠른……떨어지지 않는다 : 위의 책, 권15 「示遠猷奉議」(T47, 785c16)에 나오는 다음 단락의 대의를 요약 발췌한 내용이다. "예전부터 가로질러 가는 하나의 지름길은 가장 빠른 길로 모든 단계를 뛰어넘었으니 이것보다 나은 방법이 없었다. 곧바로 사람들의 마음을 가리켜 그 본성을 보고 성불하는 길이 그것이다. 다만 이 마음은 아득히 깊어서 성인과 범부 사이에 놓인 계급조차도 벗어나 있을 뿐이다.(從上徑截一路, 直拔超昇無出. 直指人心, 見性成佛. 但此心淵奧, 脫去聖凡階級.)"

11 왕자의 보검을……해야 한다 : 위의 책, 권14 「示華藏明首座」(T47, 778b6). 살殺과 활活을 겸비해야 한다는 논거가 되는 인증이다.

12 앞의 마지막 구절에 이어 "만일 오로지 어느 한편만 시행한다면 그곳으로 치우쳐 기울어지게 된다.(若只孤單則偏墮也.)"고 한 원오의 말을 살활殺活이라는 주제가 분명하게 드러나도록 바꾸었다.

이며, 청원青原이 오로지 살만 전하고 활의 방식을 몰랐다면 청원 또한 뛰어난 솜씨가 없었다는 결과가 되니, 어찌 이러한 도리가 있을 수 있겠는가![13] 그러므로 마땅히 알라! 자리를 나누어 앉은 것에 살만 있고 활이 없다는 주장은 타당하지 않다.

古德云, "祖師西來, 特唱此事. 只貴言前鷹突, 句外鵬搏. 直拔超昇, 不落階級. 持王子寶刀, 用本分手段, 殺人活人, 得大自在. 旣殺得人, 須活得人 ; 旣活得人, 須殺得人." 若只單殺單活, 則非好手也. 若分座, 果是單殺, 是世尊非好手也, 淸源[1)] 但傳殺而不知活, 則淸源亦非好手也, 豈有此理哉! 是故當知! 分座之單殺無活, 無有是處.

1) ㉮ '淸源'은 '青原'으로 쓰는 것이 옳다. 이하도 마찬가지이다.

13 삼처전심 중 자리를 나누어 앉았던 것에서 청원 행사青原行思가 깨달았다고 주장하는 백파의 설에 대한 비판이다. 이 방법을 깨달아 육조 혜능慧能의 비정통 전수자가 되었다고 한다. 『禪文手鏡』「殺活辨」(H10, 520b), "세 장소에서 마음을 전한 것 중에 첫 번째 가섭에게 자신의 자리를 나누어 앉게 한 것【진공】은 사람을 죽이는 칼로서 삼구 중 제3구인 본분 및 향상이다. 곧 단지 변하지 않는 진여眞如만을 전한 것으로서 부정적 방법인 살殺만 있고, 긍정적 방법인 활活은 없다. 청원 행사가 이 방법을 깨달아 육조 혜능의 비정통 전수자가 되었다.(三處傳中, 第一分座【眞空】, 殺人刀, 則三句中第三句本分及向上, 則但傳不變眞如, 唯殺無活故. 青原得之, 爲六祖傍傳也.)" 반면 정통 전수자는 살과 활을 겸비한 남악南岳이라는 주장이 이어진다.

제2장 삼종선三種禪과 임제삼구臨濟三句 배대 논쟁

1. 백파의 설[14]

1) 삼종선론 제기

선에는 세 종류가 있다. 첫째는 조사선이다. 최상의 자질을 갖춘 사람(上根)에게 전하기 위한 것이므로 한마디 한마디의 말이 마치 허공에 도장을 찍는 것과 같다. 그것은 마치

14 『禪文手鏡』(H10, 515b) 이하의 요지이다. 초의는 백파가 제시한 삼종선에 대한 해석을 요약하고 부연하여 설명함으로써 그 뜻을 더욱 선명하게 드러낸다. 여기에는 단지 백파의 견해를 심화하는 데 그치는 것이 아니라 삼종선 이해에 대한 초의의 깊은 안목이 반영되어 있다. 또한 이 과정에서 백파보다 친절하게 삼종선의 차별을 설명하고 있다. 동시에 향후 백파를 비판하면서 그와 구별되는 자신의 견해를 내세우는 전제들이 암시되어 있다. 즉 일단 백파의 관점에서 핵심이 되는 것을 보다 뚜렷하게 부각하여 놓고 이것을 비판의 대상으로 삼는 방법을 말한다. 김영욱, 「조선말 삼종선 논쟁」, 한국사상연구소 편, 『자료와 해설, 한국의 철학사상』(예문서원, 2001) 참조.

영양이 뿔을 나뭇가지 위에 걸고 자면서 발자국을 숨기는 것과 같아서 더듬을 도리가 전혀 없고 추적할 흔적도 없다. 뿌리까지 통째로 뽑아 버려서 잡고서 분별할 근거를 전혀 남기지 않고 영원히 근본적인 번뇌망상을 벗어났기 때문이다. 산은 산이요【근본 기틀】 물은 물이며【남김 없는 작용】, 부처도 안착시키고 조사도 안착시킨다. 이상은 오로지 조사의 문 안에만 있는 언구들이므로 조사선이라 한다.[15]

六隱老人曰, "禪有三種. 一, 祖師禪. 對上根故, 一一言句, 如印印空. 如羚羊掛角, 沒義理, 沒蹤跡. 和根拔去, 了沒巴鼻,

15 이상의 말과 이하에서 여래선에 대하여 말한 구절들은 각운覺雲이 『禪門拈頌集』「序」(H5, 1b)에서 밝힌 다음 말에서 계기를 얻은 것이며 다른 문헌에서는 전체적으로 이것보다 적절하게 부합하는 내용을 찾을 수 없다. 백파가 의도적으로 우리나라의 문헌에서 근거를 모색한 결과로 보인다. "여래선이란 산은 산 그대로 좋고 물은 물 그대로 좋으니 하나하나의 법마다 온전히 진실하다는 견해이고, 조사선은 뿌리까지 통째로 뽑아 버려서 잡고서 분별할 수단을 전혀 남기지 않는 선법이다. 가령 『금강경』에서 '모든 상을 상이 아니라고 보면 부처님의 뜻을 알게 될 것이다'라고 운운한 말은 여래선의 안목을 나타내고, 법안이 '만약 모든 상을 상이 아니라고 보면 부처님의 뜻을 알지 못할 것이다'라고 운운한 말은 조사선의 안목을 나타낸다. 또한 불법에 드러낼 측면이 있는 것을 여래선이라 하고, 불법에 드러낼 측면이 조금도 없는 것을 조사선이라 한다.(如來禪者, 山山水水, 法法全眞也 ; 祖師禪者, 和根拔去, 了沒巴鼻也. 如經云, '若見諸相非相, 卽見如來云云'者, 是如來禪也 ; 如法眼云, '若見諸相非相, 卽不見如來云云'者, 是祖師禪也. 又佛法有頭角邊, 謂之如來禪 ; 佛法無頭角邊, 謂之祖師禪也.)"

永脫根本頭角故. 山是山【大機】, 水是水【大用】, 佛也安, 祖也安. 但此祖門中所有之言句, 故名祖師禪.

● 둘째는 여래선이다. 중간의 자질을 갖춘 사람(中根)에게 전하기 위한 것이므로 한마디 한마디의 말이 마치 물에 도장을 찍는 것과 같다. 현재의 차별(今)과 본래의 무차별(本) 그리고 도리와 흔적 등이 남아 있는 듯하지만[16] 방편(權) 그대로 진실(實)을 밝히니 이 두 가지를 분별하여 나눌 수 없기 때문이다. 산은 산이 아니요 물은 물이 아니며, 부처도 물리치고 조사도 물리치지만 하나하나의 법마다 온전히 진실하다. 이 또한 조사문 안의 일이지만, 하나하나의 법마다 온전히 진실하다는 말은 여래가 '모든 법을 총괄하여 한 가지 마음을 밝힌다'[17]고 설한 말씀과 완전히 일치하므로[18] 깎아내려 여래선이라 한다. 본분을 깨달아 저편에 서 있는 사람을 존귀하다고 생각하는 집착에서 벗어난 상태가 아니기 때문이다.

---

16 도장의 흔적이 물에 잠시 남아 있다가 사라지는 것과 같다. 사유似有는 있는 듯하지만 없다는 뜻이다.

17 정확히 일치하는 경전의 구절은 없다.

18 경전이나 부처님의 말씀 그대로 따르는 방식을 여래선이라 하고, 그와 다르게 보여 주는 방식을 조사선이라 한다는 분별은 각운의 말에 따른다. 각주 15) 참조.

二, 如來禪. 對中根故, 一一言句, 如印印水. 似有今本, 義理朕跡, 而卽權明實, 了不可辨故. 山非山, 水非水, 佛也打, 祖也打, 而法法全眞. 此亦祖門中事, 以法法全眞之語, 完同如來所說, 統萬法明一心之言, 故貶之云如來禪. 以未脫本分那人尊貴頭角故也.

● 위의 두 가지 선을 합하여 일반적인 사고의 규격을 벗어났다(格外)고 한다. 왜냐하면 이 두 가지 선은 모두 본분을 깨달음과 동시에 본분의 제3구인 "새롭게 경험하여(新熏) 깨닫고 닦아서 궁극적 경지를 얻는다."는 도리와 규범에서 벗어났기 때문이다.

上二禪合名格外. 以此二禪, 皆悟本分, 超出於本分第三句新熏悟修證之義理標格故也.

● 셋째는 의리선이다. 이것은 단지 차별된 현재의 상황에서 '교화를 위하여 건립한 방편(建化門)'에 따라 가장 낮은 차원의 사람(下根)에게 전하기 위한 것이기 때문이다. 한마디 한마디의 말이 마치 진흙에 도장을 찍는 것과 같아서 그 흔적이 온전히 드러난다. '이理는 이에 맞게 설명하고, 사事는 사에 맞게 설명하여'[19] 있음과 없음 또는 본체와 작용이 서로 떨어져

별도로 나누어지므로 비록 선禪이라고 이름은 붙이지만 돈오頓悟와 점수漸修 그리고 도리에 근거한 가르침의 틀(敎格)을 완전하게 갖추고 있다. 그러므로 의리선이라 한다.

三, 義理禪. 但此今時建化門中, 對下根故, 一一言句, 如印印泥, 痕縫全彰. 說理如理, 說事如事, 有無體用, 互相隔別. 雖名禪, 完有頓悟漸修義理敎格, 故名義理禪.

2) 임제삼구에의 적용

● 이 세 종류의 선을 임제의 삼구[20]에 짝지어 보겠다. 첫째 조사선은 제1구에 해당된다. 기틀과 활용을 갖추고 부정적

---

19 『華嚴經疏鈔』 권17(T36, 130b10), 『金剛經纂要刊定記』 권7(T33, 227c20) 등에 보이는 구절이다.

20 임제삼구臨濟三句 : 다음 문답에 근거한다. 『臨濟錄』(T47, 497a15), "법좌에 오르자 학인이 물었다. '제1구는 어떤 것입니까?' '삼요의 도장을 찍고 떼니 붉은 무늬점이 분명하고, 말도 꺼내기 전에 주객이 나뉜다.' '제2구는 어떤 것입니까?' '문수보살이 어찌 무착 선사의 물음을 용납하겠냐마는, 방편을 펼치는 것이 어찌 망상을 끊어 버린 상근기와 모순되겠는가!' '제3구는 어떤 것입니까?' '무대에서 꼭두각시를 희롱하는 것을 보라. 밀고 당기는 것이 모두 그 배후에서 조작하는 사람에게 달려 있다.'(上堂, 僧問, '如何是第一句?' 師云, '三要印開朱點側, 未容擬議主賓分.' 問, '如何是第二句?' 師云, '妙解豈容無著問, 漚和爭負截流機!' 問, '如何是第三句?' 師云, '看取棚頭弄傀儡. 抽牽都來裏有人.')"

방법인 살殺과 긍정적 방법인 활活이 모두 온전히 있으므로 제1구에서 알아차리면 조사와 부처의 스승이 될 자격이 있다. 둘째 여래선은 제2구에 해당된다. 살만 있고 활은 없으므로 제2구에서 알아차리면 인계와 천계의 스승이 될 자격이 있다. 셋째 의리선은 제3구에 해당된다. 신훈만 있고 본분이 없으므로 이 구절에서 알아차리면 자기 자신도 구제하지 못한다.

以此三禪, 配臨濟三句. 一, 祖師禪, 卽第一句. 旣具機用, 殺活兼全, 故第一句薦得, 與祖佛爲師. 二, 如來禪, 卽第二句. 但殺無活, 故云, 第二句薦得, 與人天爲師. 三, 義理禪, 第三句. 但新無本故, 此句薦得, 自救不了."

2. 초의의 비판

1) 백파 삼종선론의 모순 논파

대체로 부처와 조사가 상근上根을 가르칠 때는 언구言句를 수단으로 삼지 않고, 다만 하나의 기틀을 보여서 가장 빠른 길로 그 기틀에 응하고 더 이상 분별하지 않도록 할 뿐이다.

그런데 백파는 "최상의 자질을 갖춘 사람(上根)에게 전하기 위한 것이므로 한마디 한마디의 말이 마치 허공에 도장을 찍는 것과 같다."라고 하였다. 만일 언구로써 기틀을 대한다면 그 기틀은 상근上根에 어울리는 기틀이 아닐 것이며,[21] 또한 허공에 도장을 찍는 것과 같다는 비유가 어찌 언구를 말 자체로만 여기는 것이겠는가?

또한 "이러저러한 언구들은 오로지 조사의 문 안에만 있는 언구들이므로 조사선이라 한다."고 하였다. 그렇다면 조사선은 본래 특정한 언구 때문에 붙여진 이름이란 말인가?

또한 "하나하나의 법마다 온전히 진실하다는 말은 조사문 안의 일이지만 여래의 말씀과 완전히 일치하므로 깎아내려 여래선이라 한다."고 하였다. 옛날부터 지금에 이르도록 그 누가 이러한 이름을 세웠다는 이유로 여래를 깎아 내렸던가!

또한 여래선을 (조사선과 함께) 격외선格外禪으로 삼아 분좌分座에 배속하고는 구곡이 세운 뜻이라 하였지만, 구곡의 말에 분좌를 가리켜 여래선이라 지목한 부분이 있던가?

또 "여래선은 (임제삼구에서) 제2구로서 방편(權) 그대로

21 상근은 언어를 깨달음의 수단으로 삼지 않는데, 이미 언어로 표현된 기틀이라면 그에게 적합한 기틀이 아니라는 말.

진실(實)을 밝힌다."고 하였다. '방편 그대로 진실을 밝힌다'는 말은 삼현三玄[22]이라는 창과 갑옷을 마련하여 갖추고 편의에 따라 손을 쓰며, 말 한마디 한마디를 아끼면서 격格이 정해진 법도[23]를 완성한다는 뜻인데, 이것을 두고 격을 벗어났다고 할 수 있는가?[24] 이는 다른 사람이 밖에서 공격을 가한 것이

---

22 삼현三玄 : 『臨濟錄』(T47, 497a19), "한 구절의 말에는 삼현의 문을 갖추어야 하고, 하나의 현문에는 삼요三要를 갖추어야 한다. 여기에 방편(權)도 있고 작용(用)도 있으니 그대들은 어떻게 이해하는가?(一句語須具三玄門, 一玄門須具三要. 有權有用, 汝等諸人, 作麽生會?)"라는 말에 근거한다. 이것을 후대에 임제를 추종하던 무리들이 본체 중의 깊은 도리(體中玄), 구절 중의 깊은 도리(句中玄), 깊은 도리 중의 깊은 도리(玄中玄) 등 임제에게 본래 없던 내용으로 개작했다. 『五家宗旨纂要』 권하 「雲門三句」(X65, 279c11), 『圓頓成佛論』(H4, 728b), 『禪家龜鑑』(H7, 645b) 등에 이에 대한 상세한 설명이 보인다.

23 격格이 정해진 법도(格則) : 격외格外를 근본으로 하는 관점에서 보면 '격이 정해진 법도'는 속박일 뿐이다. 여기서는 삼현을 중심으로 덧붙여지는 갖가지 관념과 언어가 그것이다. 이것이 경직된 틀이 되면 그것에 예속되므로 부단히 격외를 지시한다. 『曹山語錄』(T47, 527b12), "여러 선문禪門에서 모두들 격이 정해진 법도를 붙들고 있는데, 어째서 그들에게 속박을 벗어나는 반전의 한마디(一轉語)를 말해 주어 그들이 더 이상 의심하지 않도록 만들어 주지 않는가!(諸方盡把格則, 何不與他道一轉語, 令他不疑去!)"

24 삼현을 창과 갑옷과 같은 수단으로 삼아 방편의 말을 만들어 내고 확고한 법도를 완성하는 방식이라면 격을 벗어났다(格外)고 할 수 없다는 취지. 그런데 백파는 이러한 여래선을 격외선의 범주에 속한다고 했기 때문에 다음 구절에서 자가당착이라 비판한 것이다. 그러나 '창과 갑옷'에 비유한 삼현은 확고한 법도를 정하려는 목적이 아니라 이끌어가는 수단의 일종이라는 견해가 일반적이다. 원오 극근圜悟克勤은 삼현이라는 창

아니라 자신이 한 말로 자신을 공격한 것이다.[25]

또 (임제삼구에서) 제3구에는 신훈만 있고 본분이 없다는 뜻을 멋대로 판단하여 의리선이라 하였다. 백파는 "일우一愚의 설에 의지하여 그것을 기준으로 삼았다."[26]고 했지만, 일우의 말에 의리선이라는 이름이 있었던가? 세상에서 일우의 책을 읽어본 사람이 오로지 이 노인 한 분뿐이었단 말인가? 그런가, 그렇지 않은가? 한번 자세히 따져 보겠다.

大凡佛祖之接上根, 不以言句, 但示一機, 直捷應機, 更不擬議. 今言, "對上根故, 一一言句, 如印印空." 苟以言句對機, 機非上根, 且如印印空之喩, 其以言句爲言耶? 又曰, "某某等

과 갑옷에 정해진 틀이 없다고 인식했기 때문에 '함정의 말'이라 한다. 세 가지의 분명한 규정이 있는 듯하지만 사실은 그렇지 않기 때문에 함정이 되는 것이다. 『圜悟語錄』 권10(T47, 757a29), "오로지 자비를 펼치고자 번뇌하는 중생의 경계에 일부러 떨어져 질문과 대답을 세우며 주인과 손님을 보존하고 시작과 끝을 남겨두며 삼현이라는 수단에서 함정의 말(誵訛)을 던진다.(一向垂慈落草, 立問立答, 存主存賓, 有始有末, 三玄戈甲中論誵訛.)"

25 초의 자신이 백파의 주장과 다른 이론을 가지고 공격한 것이 아니라 여래선에 대한 백파 자신의 모순된 설을 밝혀내 보여 주었을 뿐이라는 뜻이다.

26 일우一愚는 『禪門綱要集』의 저자 청풍 법사淸風法師 천책天頙의 자호自號이다. 백파는 임제삼구에 대한 청풍 법사의 풀이를 인용한 뒤 그에 대한 상세한 해설을 붙이는 형식으로 『禪文手鏡』을 서술한다.

言句, 是祖門中所有之言句, 名曰祖師禪." 然則, 祖師禪, 本以言句得名耶? 又, "以法法全眞之言, 亦是祖門中事, 完同如來說, 故貶之云如來禪." 從古以來, 孰敢貶之如來以立此名乎! 又以如來禪爲格外禪, 配之分座, 謂之龜谷義, 龜谷說中, 有以分座, 指爲如來禪之言乎? 又曰, "如來禪, 卽第二句, 卽權明實." 夫卽權明實者, 施設三玄戈甲, 隨宜下手, 言言堪愛, 完成格則, 是可謂之格外乎? 此非他人之外攻, 還以自語自攻也. 又於第三句中, 以但新無本之義, 獨判之, 爲義理禪. 言依一愚爲準, 一愚說中, 曾有義理禪之名字乎? 世間讀一愚書者, 惟此老一人耳? 然耶不耶? 試詳論之.

2) 임제삼구에 대한 해석과 질의質議

고덕은 "참선하고 도를 공부하는 사람은 다만 활구活句를 참구할 일이며 사구死句를 참구하지 마라.[27] 활구로 알아차리면 조사나 부처의 스승이 될 자격이 있지만, 사구로 알아차리면 제 자신도 구제하지 못할 것이다."[28]라고 하였고,

---

27 사유와 언어의 격에 갇혀 있는 구절은 사구, 언어와 사유의 틀을 남김없이 부수는 구절은 활구이다. 분별할 근거가 전혀 남아 있지 않은 화두가 활구이며, 갖가지 인식의 근거를 제공하여 안주하도록 하는 구절은 사구가 된다.

28 『臨濟錄』(T47, 502a5)의 말을 근거로 하여 후대에 사구와 활구의 개

또 말하기를 "말로 내뱉으면 진실한 종지는 숨어 버리고, 명수名數[29]로 끌어들이면 미묘한 근본은 어긋난다."[30]라고 하였다.

古德云, "夫參學者, 但參活句, 莫參死句. 活句下薦得, 與祖佛爲師 ; 死句下薦得, 自救不了." 又曰, "言說出而[1)]眞宗隱, 名數入而妙本乖."

1) ㉮『佛祖歷代通載』 권12(T49, 586b7)에는 '而'가 '焉'으로 되어 있다. 다음 구절도 동일하다.

제1구는 주인과 손님이 나누어지지 않고 말이 나오기 이전의 경계로서 참된 종지만 홀로 드러나 있는 활구[31]이다. 이 구

념을 덧붙여 재구성한 것이다. 『圜悟語錄』 권11(T47, 765b13), 『大慧語錄』 권14(T47, 870b4), 『看話決疑論』(H4, 737a), 『禪家龜鑑』(H7, 636b) 등에 나오는 구절.

29 명수名數 : 법수法數와 같은 말. 사성제·팔정도 등과 같이 내외의 모든 존재의 진실을 분류하거나 나누어 4나 8 등의 숫자를 붙여 나타내는 것. 이 글의 대의에 비추어 보면 이러한 명수는 언설과 함께 전형적인 격格에 속한다.

30 북종北宗의 대통 신수大通神秀(606~706)가 입적했을 때 중서령中書令 장열張說(667~730)이 작성한 비문碑文의 구절. 『佛祖歷代通載』 권12(T49, 586b6).

31 말이 나오기 이전의 상황 전체를 가리키므로 언어로 표현된 특정한 구절을 가리키지 않는다. 활구의 '구절'은 본분을 지시하도록 설정된 언어와 행위 그리고 그때그때마다의 상황 자체를 나타낸다.

절을 깨달은 자는 위음왕불危音王佛[32] 이전의 경계[33]를 곧바로 꿰뚫고 비로자나불毗盧遮羅佛의 경계로 올라갈 것이다. 그런 까닭에 부처와 조사의 스승이라 한다.

제2구는 언어와 사유가 허용되지 않는 경계[34]를 분별하여 해석하는 것이니 말을 일으키자마자 참된 종지는 감춰지기 때문에 이것은 사구도 아니고 활구도 아닌 구절[35]이다. 이 구

---

32 위음왕불危音王佛 : 최초의 부처님.

33 위음왕불危音王佛 이전의 경계 : 세계가 분화되기 이전과 같이 어떤 차별도 나누어지지 않고 언어 등 어떤 실마리도 나타나기 이전의 경계를 나타내는 선종의 상투어. 부모미생전父母未生前의 본래면목本來面目과 통한다.

34 언어와 사유가 허용되지 않는 경계(未容擬議處) : 이 자체는 임제삼구 중 제1구인데, 이렇게 말과 분별이 허용되지 않는 제1구에 대하여 해설을 시도한 끝에 도출하는 구절이 제2구이다.

35 사구도 아니고 활구도 아닌 구절(不死不活句) : 대혜 종고大慧宗杲는 활구, 사구, 불사불활구 등 세 구절을 모두 속박의 가능성으로 제시하여 화두로 변환시켰다.『大慧語錄』권14(T47, 870b9), "말해 보라! 이는 사구인가? 활구인가? 사구도 아니고 활구도 아닌가? 한번 확고하게 살펴 보라. 설령 확고하게 살펴서 그중 하나를 집어내더라도 세 구절의 속박에서 벗어나지 못하리라.(且道! 是死句? 是活句? 是不死不活句? 試定當看. 直饒定當得出, 也未免在三句裏.)"『五燈會元續略』권3「竺雲景曇章」(X80, 505b14), "어떤 학인이 물었다. '옛사람은「활구를 참구할 일이지 사구를 참구하지 마라」고 하였는데, 활구란 무엇입니까?' '길에서 죽은 뱀을 마주치더라도 때려죽이려 하지 마라.' '사구란 무엇입니까?' '밑 빠진 바구니에 물건을 가득 담아 돌아온다.' '사구도 아니고 활구도 아닌 구절은 무엇입니까?' '눈에 섞인 가루분은 쉽게 구분할 수 있지만, 먹칠에서 숯먹 색은 가려내기 어렵다.'(問, '古人道, 須參活句, 莫參死句, 如何是活句?' 師曰, '路逢死蛇莫打殺.' 曰, '如何是死句?' 師曰, '無底籃兒盛將

절을 깨달은 자는 말로 드러낸 가르침의 방편에 따라 말을 떠난 실상을 깨닫는다. 그런 까닭에 인계와 천계의 스승이라 한다.

제3구는 삼요三要[36]의 기틀과 활용을 가리켜 진술하고 삼현의 방편(權)과 진실(實)을 풀이한 구절이니, 이는 명수名數로 끌어들여 미묘한 근본과 크게 어긋나게 되는[37] 사구死句이다. 이 구절을 깨달은 자는 단지 저 언구에 막혀서 그 그림자와 같은 말을 실재로 오인한다. 그런 까닭에 스스로도 구제하지 못한다고 한다.

夫第一句, 主賓不分, 言說未出, 眞宗獨露之活句也. 薦此句

歸.' 曰, '不死不活句, 又作麽生?' 師曰, '易分雪裏粉, 難辨墨中煤.')" 마지막 구절에 설정된 '쉽다·어렵다'는 구도는 두 편에 실제로 각각 짝을 지을 수 있는 말이 아니며 맞바꾸어도 상관이 없다. 사실상 쉽다·어렵다는 구분이 없는 곳에서 고의로 짜내 제시한 화두인 것이다.

36 삼요三要 : 임제 의현臨濟義玄이 설정한 기틀 중 하나. 삼현三玄과 필연적인 짝이 된다. 한 구절에는 반드시 삼현을 갖추어야 하고 하나의 현玄에도 반드시 삼요를 갖추는 방식으로 모든 선어禪語에는 삼요와 삼현이 동시에 구현되어야 한다고 보는 관점이다. 임제의 삼현을 조照와 용用의 관계에서 해석하여 선조후용先照後用·선용후조先用後照·조용동시照用同時 등 세 가지 틀에 배대하여 조요照要·용요用要·동시요同時要로 풀이하기도 하고, 체體·상相·용用 삼대三大로 해석하기도 하는 등 후대에 다양한 해석이 나타난다.

37 각주 30) 참조

者, 直透威音以前, 毗盧向上. 所以爲佛祖之師也. 第二句, 分釋未容擬議處, 言說乍興, 眞宗將隱, 此不死不活之句. 薦此句者, 因言教之方便, 悟離言之實相. 所以爲人天之師也. 第三句, 指陳三要之機用, 開釋三玄之權實, 此名數入而妙本大乖之死句也. 薦此句者, 只是滯他言句, 認他光影. 所以自救之不了也.

또한 고덕은 "삼구·삼현·삼요에서 모두 '삼'이라 한 까닭은 체體·용用·중中 등 세 가지 면목과 같다는 바로 그것 때문이다."라고 하였다.

제1구에서는 삼요라 하는데, 삼요란 대기·대용 그리고 기틀과 활용을 평등하게 발휘하는 기용제시機用齊施 등 세 가지이다. 제2구에서는 삼현이라 하는데, 삼현이란 체중현體中玄·용중현用中玄·현중현玄中玄 등 세 가지이다. 제3구에서는 삼구라 하는데, 삼구란 제1구·제2구 그리고 본구本句 등 세 가지가 그것이다.

又古德云, "凡三句三玄三要之謂三者, 如體用中, 三般面目, 是也." 在第一句中爲三要, 三要者, 大機·大用·機用齊施也. 在第二句中爲三玄, 三玄者, 體中玄·用中玄·玄中玄. 在第三句中爲三句, 三句者, 第一句·第二句, 並本句,爲三句也.

현玄과 요要의 관계는 마치 거울을 바라보고 있는 자의 형체와 영상이 서로 의지하여 모자라거나 넘치는 부분이 없는 것과 같다. 우리 선가禪家의 종사가 이 세 가지를 제1구에서 활용하면 그 하나하나에 모든 대립하는 짝[38]이 끊어지므로 현을 바꾸어 요라 하는데 마치 영상이 형체인 것과 같다. 제2구에서 시설하면 격이 정해진 법도를 완성하여 요를 바꾸어 현이라 하는데 마치 형상이 영상인 것과 같다. 그러나 그 세 가지는 본래 바뀌지 않는다.

夫玄與要, 如臨鏡者之形影相資, 無所欠剩. 自家宗師, 將此三者, 向第一句中用之, 則一一絶諸對待, 故轉玄名要, 如影卽形. 向第二句中施設, 則完成格則, 轉要名玄, 如形卽影. 而其三者, 本不移易也.

문 '제1구에서 활용하면 그 하나하나에 모든 대립하는 짝이 끊어진다'는 말은 무슨 뜻인가?

38 유무, 선악, 대소 등 대립하는 짝들이 사유분별의 기본적인 소재가 된다. 이것이 끊어지면 분별의 근거가 사라져 어떤 생각도 할 수 없다.

답 이 종파의 비조 마 대사馬大師는 백장百丈의 얼굴에 한 번 찍어 버리고[39] 한 번의 할을 위엄차게 내질렀다.[40] 후대의 설두雪竇와 서원西院은 각각 두 번 '틀렸다!'고 말했고,[41] 불과佛

---

39 대혜 종고大慧宗杲의 다음 말을 활용했다. 『大慧語錄』 권15(T47, 876c2), "달마 대사가 인도로부터 문양이 없는 도장을 가지고 와서 2조의 얼굴에 한 번 찍어 버렸고, 2조는 이 도장을 얻어 조금도 바꾸지 않은 채 3조의 얼굴에 찍었다. 이로부터 한 사람이 허虛를 전했으나 만인이 그것을 실實이라 잘못 전하며 대대로 도장을 찍어 전하다가 강서의 마조에 이르자 마조는 남악 회양 화상으로부터 이 도장을 얻고 '오랑캐의 전란이 있은 뒤 30년 동안 소금과 간장이 부족한 적이 없었다'고 말한 것이다.(達磨從西天, 將得箇無文印子來, 把二祖面門, 一印印破 ; 二祖得此印, 不移易一絲頭, 把三祖面門印破. 自後一人傳虛, 萬人傳實, 遞相印授, 直至江西馬祖, 馬祖得此印, 於南嶽和尙, 便道, '自從胡亂後三十年, 不曾少鹽醬.')"

40 이 할에는 분별의 근거가 되는 대립의 짝이 전혀 없다. 아래서 '틀렸다'고 한 화두도 동일한 본보기로 제시된다. 대립의 짝이 없기 때문에 '틀렸다'는 말은 맞다거나 틀렸다거나 하는 대립의 어느 한편이 아니다.

41 서원 사명西院思明이 '틀렸다'고 두 번 제기한 화두에 대하여 설두 중현雪竇重顯이 다시 '틀렸다'고 평가한 것. 서원은 천평 종의天平從漪가 말을 꺼내기도 전에 '잘못이다'라고 하여 여기서 말하는 제1구와 상응하도록 하였다. 이 또한 대립의 짝이 없어 어떤 분별도 통하지 않기 때문이다. 『景德傳燈錄』 권12 「西院思明傳」(T51, 298c25), "종의라는 학인이 법석에 와서 열흘이 되자 비로소 '불법을 이해하는 사람은 말할 것도 없고 아무리 찾아보아도 그에 대하여 말하는 사람조차 없구나'라고 하였다. 서원이 듣고서도 묵묵히 아무 소리도 하지 않았다. 종의가 다른 날 법당에 올라가고 있는데 서원이 종의를 부름에 종의가 고개를 들어서 보자 서원이 '틀렸다!'고 하였고, 종의가 두세 걸음 앞으로 나오자 서원이 다시 '틀렸다!'라고 하였다. 종의가 다시 앞으로 다가섰을 때 서원이 '조금 전에 두 번 틀렸다고 했는데 상좌가 틀렸는가, 내가 틀렸는가?'라고 물었고, 종의가 '제가 틀렸습니다'라고 하자 서원이 '틀렸다!'라고 한

果[42]는 서원이 '틀렸다'고 한 말에 '삼요의 도장을 찍고 떼었다'고 착어를 달았다.[43] 이것이 제1구에서 이 도장(心印)을 온전

다음 또 '상좌는 이곳에서 하안거를 보내면서 두 번 틀렸다고 한 이 말에 대해 함께 상량해 보도록 하자'고 제안했지만 종의는 받아들이지 않고 떠났다. 그 뒤에 상주의 천평산에 주석하면서 매번 이 화두를 제기하고 이렇게 말했다. '내가 행각할 때 거센 바람에 날려 여주에 이르렀는데 서원이라는 장로가 연이어 세 차례 틀렸다는 말을 던져 나를 점검하고, 게다가 나를 붙잡아 두고 하안거를 보내며 상량하기를 바랐다. 나는 그때의 틀렸다는 말에 대하여 아무 대꾸도 하지 못하다가 당시 발걸음을 떼고 남쪽으로 떠나려는 순간 틀렸다는 것을 알아 버렸다.'【수산 성념首山省念 화상이 말했다. '천평 종의가 그렇게 이해한 말로 보면 그는 꿈에도 서원의 뜻을 알지 못했다. 왜 그런가? 할 말이 있었기 때문이다.'】(僧從漪到法席, 旬日乃曰, '莫道會佛法人, 覓箇擧話底人也無.' 師聞而默之. 漪異日上法堂次, 師召從漪, 漪擧首, 師曰, '錯!' 漪進三兩步, 師又曰, '錯!' 漪復近前, 師曰, '適來兩錯, 是上座錯, 是西院錯?' 曰, '是從漪錯.' 師曰, '錯!' 又曰, '上座且遮裏過夏, 共汝商量遮兩錯.' 漪不肯便去. 後住相州天平山, 每擧前話曰, '我行脚時, 被惡風吹到汝州, 有西院長老, 勘我連下三箇錯, 更待留我, 過夏商量. 我不說恁麽時錯, 我當時發足, 擬向南去, 便知道錯了也.'【首山省念和尙云, '據天平作恁麽會解, 未夢見西院在. 何故? 話在.'】)" 설두의 말은 다음의 게송에 나타난다. 『頌古聯珠通集』 권37(X65, 711b22), "저 선가의 무리들, 모든 것을 경박하게 여기는 경향이 있어서, 배 가득 채우도록 공부하고도 써먹지 못한다네. 우습고 우습구나, 천평 노인이여! 당초에 행각 떠났던 일을 후회한다고 누가 말하는가? 틀렸다, 틀렸어! 서원의 맑은 바람에 문득 사라져 버렸네. 다시 말했다. '만일 납승 하나가 나와서 틀렸다고 말한다면, 「설두가 틀렸다고 한 말이 천평이 한 말과 비교하여 어떤가?」라고 응답하리라.'(禪家流, 愛輕薄, 滿肚參來用不著. 堪笑堪笑天平老! 誰謂當初悔行脚? 錯, 錯! 西院淸風頓銷爍. 復云, '忽有箇衲僧出來道錯, 雪竇錯何似天平錯?')"

42 불과佛果 : 원오 극근圜悟克勤(1063~1135)의 호.

43 원오는 서원이 '틀렸다'고 두 차례 한 말에 대하여 각각 다음과 같은 착

히 제기한 방식이다. 임제는 이 제1구에 대하여 "삼요의 도장을 찍고 떼니 붉은 무늬점이 분명하고, 분별을 허용하기도 전에 주인과 손님이 나뉜다."라고 읊었다. 분별을 허용하지도 않고 주인과 손님으로 나누어지는 것도 허용하지 않으니, 이것이 대립하는 짝이 끊어진 경계가 아니라면 무엇이겠는가? 이것이 진실로 달마가 전한 문자가 새겨지지 않은 도장[44]이요, 여러 조사들이 그것으로 허공에 찍었던 결정적인 소식이다.

問, "第一句中用之, 則絶諸對待者, 其義云何?" 答, "此宗鼻祖馬大師, 把百丈面門, 一印印破, 振威一喝. 後來雪竇西院, 各下兩錯, 佛果, 於西院錯下, 著語云, '三要印開.' 此第一句

어를 달았다. 『碧巖錄』 98則(T48, 221a24)에 첫 번째 말에 대하여 "그래도 반드시 화로 속에서 단련해야 한다. 배를 갈라서 속을 도려내어 주었군. 삼요의 도장을 찍고 떼니 붉은 무늬점이 분명하고, 분별을 허용하기도 전에 주인과 손님이 나뉘었다.(也須是鑪裏煅過, 始得. 劈腹剜心. 三要印開朱點窄, 未容擬議主賓分.)"라고 하였고, 두 번째 말에 대해서는 "배를 갈라서 속을 도려내 주었다. 사람들은 모두 이를 (두 번 틀렸다고 한 말에 따라) 양중공안兩重公案이라 하지만, 마치 물이 물에 들어간 것과 같고, 금으로 금을 바꾼 것과 같다는 사실을 그들은 전혀 모른다.(劈腹剜心. 人皆喚作兩重公案, 殊不知, 似水入水, 如金博金.)"라고 착어를 달았다.

44 문자가 새겨지지 않은 도장(無文字印) : 언어문자의 형식으로 나타낼 수 없는 심인心印을 상징한다. 무문인無文印·무자인無字印·불조심인佛祖心印 등과 통한다. 각주 39) 참조.

中, 全提此印. 臨濟頌此句云, '三要印開朱點窄,[1] 未容擬議主賓分.' 既不許其擬議, 亦不容分主賓, 此非絶諸對待而何? 此實達摩所傳無文字印, 諸師將以印空之時也."

1) ㊐ 판본에 따라 '窄'은 '側'으로 되어 있다. 『景德傳燈錄』 권12(T51, 291a11), 『臨濟錄』(T47, 497a16) 등 참조.

문 '제2구에서 활용하면 격이 정해진 법도를 완성하는 것이다'라고 한 말뜻은 무엇인가?

답 이렇게 험하게 치솟고 물줄기가 끊어진 것 같은 기틀[45]에서 삼현이라는 창과 갑옷을 마련하여 중생을 가르치는 법도가 됨으로써 본보기를 실현한다. 임제는 이 제2구에 대하여 "묘희(문수보살)가 어찌 무착無著 선사의 물음을 용납할 것인가? 그러나 구화漚和[46]가 어찌 번뇌를 끊은 근기(문수보살)와 상충되겠는가!"라고 읊었다. 이는 권權을 열어 실實을 드러낸다는 뜻이니, 묘희의 큰 지혜가 실實이다. 여기에 어찌 무착 선사의 질문을 용납하겠는가? 질문이나 대답이나 모두 사라진 경계라는 뜻이다. 구화는 한역하여 방편이라 하고, 권權에 해당한다. 바로 이럴 때 어찌 번뇌를 끊은 근기를 외면하겠는

45 험하고 높아서 오르기 힘든 산과 같고 모든 물줄기가 끊긴 것처럼 어떤 분별도 통하지 않는 기틀을 가리킨다.
46 구화漚和 : Ⓢ Ⓟ upāya. 중생의 근기에 알맞게 교화를 펼치는 방편.

가! 이 근기는 병존해야 하니 권과 실을 모두 실행한다. 이런 까닭에 격이 정해진 법도를 완성한다.

"第二句中用之, 則完成格則, 其義云何?" 答, "於此難孤絶流之機, 施設三玄戈甲, 爲物作則, 規模現成. 臨濟頌此句云, '妙喜豈容無著問? 漚和爭負絶流機!' 此開權現實, 妙喜大智, 是實也. 這裡豈容無著問? 蓋問答俱泯也. 漚和, 此云方便, 是權也. 個時, 爭負絶流之機! 此機應並存, 權實雙行, 所以完成格則也."

문 제3구에서 활용하면 특별히 '삼구'라 하는데, 그 뜻은 어떤 것인가?

답 제1구에 들어 있는 삼요의 이치와 제2구에 들어 있는 삼현의 이치는 이 제3구에는 적절하지 않으니, 중간이나 낮은 근기의 무리들이 따르면서 듣고 알 수 있는 길이 없기 때문이다. 삼요는 조照가 되거나 용用이 되고, 삼현은 권權이 되거나 실實이 되며, 삼구에는 얕은 뜻도 있고 깊은 뜻도 있다. 나아가 하나의 진실을 세 가지로 펼쳐 놓거나 세 가지를 중첩하여 아홉 가지로 늘리고, 아홉 가지를 세 가지로 묶거나 세 가지를 거두어 하나의 진실로 만들기까지 한다. 대체로 이러한 종류가 모두 제3구에서 이치를 설명하는 방식이다. 이러한 설명 방식을 버리고 제3구가 될 방법은 없으며, 제3구가 아니면 위 두 구절의 현과 요를 펼쳐 보일 도리도 없다. 이것이 이 구절(제3구)의 이름을 바꾸어 '삼구'라 하는 이유이다. 임제는 이 구절에 대하여 "무대에서 꼭두각시 마음껏 가지고 움직이는 꼴을 보라. 끌고 당기는 움직임이 온전히 안에서 조종하는 사람의 손길에 따라 좌우된다."라고 읊었다.

問, "第三句中用之, 則特名三句, 其義云何?" 答, "夫第一句中三要義, 第二句三玄義, 非此第三句, 中下之流, 無從而聞知也. 蓋三要之爲照爲用, 三玄之爲權爲實, 三句之有淺有深. 乃至開一爲三, 疊三爲九, 束九爲三, 收三爲一. 凡此之類, 皆第三句之所詮也. 捨此所詮, 無以爲第三句, 非第三句, 無以宣示上二句之玄要. 此其所以轉名此句爲三句者也. 臨濟頌此句云, '看取棚頭弄傀儡, 抽牽全藉裡頭人.'"

3) 종사가들의 설 인증

근본적 기틀(大機)과 온전한 기틀(全機)이 원만히 응하거나 비추며 응하고, 근본적 작용(大用)과 미묘한 작용(妙用)이 가장 빠른 길로 종횡으로 전개되는데, 오로지 종사가 전한 말에 의지하여 그것이 요要라거니 현玄이라거니 하며 구분할 줄밖에 모르니 마치 꼭두각시를 끌고 당기는 움직임이 온전히 안에서 조종하는 사람의 멋대로 움직이는 손길에 의지하는 꼴과 아주 같다. 그런즉 이 제3구에서 이치를 설명하는 방식을 다시 자세히 살펴볼 만하지 않은가? "옛날부터 내려온 여러 종사가들의 해석은 갖가지 전적에 널리 실려 있다."고 하지만, 여기서는 몇 가지만 인용하여 증명해 보겠다."

凡大機全機之圓應照應, 大用妙用之直截縱橫, 惟憑師家之所說, 而知其爲要爲玄, 正如傀儡之抽牽, 全藉於裡頭人之鼓弄也. 然則此第三句之所詮, 更可詳聞乎? 曰, "古來諸師之釋, 布在方冊." 今引一二而證之.

(1) 숭제 혜공崇齊惠公의 설 인증

숭제 혜공은 삼요三要를 다음과 같이 해설하였다. "제1요는 대기大機가 원만하게 응하는 것이고, 제2요는 대용大用이 온전히 드러나는 것이다. 제3요는 기틀(機)과 활용(用)을 평등하게 시행하는 것이니, 비춤(照)과 작용(用)이 동시에 발휘되는 것과 비교하면 다만 명칭만 다를 뿐이다. 기機란 기관機關이니, '하나의 기機를 건드리기만 해도 모든 관關이 함께 일어난다'는 말이 그 예이다. 건드리지도 않고 일어나지도 않는 바로 그때를 가리켜 대기라 한다. 대기는 원만하게 응하는 것을 법도로 삼는 대용의 기이다. 건드리기도 하고 일어나기도 한 순간을 가리켜 대용이라 한다. 대용은 곧바로 근원에 이르는 것을 법도로 삼는 대기의 용이다. 하나의 요(一要)를 얻음에 따라 곧바로 삼현도 넘어서고 삼구도 넘어선다. 가령 백장百丈이 대기를 터득하고 황벽黃蘗은 대용을 터득했던 사례와 같다.[47] 그들 중 누구도 마조馬祖가 내지른 하나의 할喝을 직접 이어받지 않은 사람이 없었으며, 분명하게 (후대에) 임제臨濟의 본래 종지가 되었던 것이니 이것이 그 증거이다."[48]

崇齊惠公, 解三要云, "第一要, 大機圓應；第二要, 大用全

47 백장과 황벽이 모두 마조의 할에서 대기와 대용을 터득하였다는 구절은 『禪家龜鑑』(H7, 644a)에 나오지만, 본래는 위산과 앙산의 다음 문답에서 비롯한다. 『百丈語錄』 古尊宿語錄1(X68, 5b16)·『仰山語錄』(T47, 587b15), "위산이 앙산에게 물었다. '백장이 마조를 다시 찾아갔을 때 서로 간에 불자拂子를 꼿꼿이 세운 인연이 있다. 이 두 존숙의 뜻은 어떤 것인가?' '이것은 대기와 대용을 드러냅니다.' '마조 문하에서 84인의 선지식이 배출되었는데, 어떤 사람이 대기를 얻었고 어떤 사람이 대용을 얻었는가?' '백장이 대기를 얻었고 황벽이 대용을 얻었습니다. 그 나머지는 모두 도道를 말로 전하는 자들에 불과합니다.' '그렇다, 그래.'(潙山問仰山, '百丈再參馬祖, 豎拂因緣. 此二尊宿, 意旨如何?' 仰山云, '此是顯大機大用.' 潙山云, '馬祖出八十四人善知識, 幾人得大機, 幾人得大用?' 仰山云, '百丈得大機, 黃蘗得大用. 餘者, 盡是唱道之師.' 潙山云, '如是, 如是.')"

48 하나의 요要를 얻어 삼현과 삼구를 모두 넘어설 수 있다는 증거라는 말이다. 여기서 하나의 요란 마조의 할喝을 가리킨다. 숭제 혜공의 이상의 설은 『禪門綱要集』「二賢話」(H6, 851b)에 실려 있다.

彰；第三要, 機用齊施, 與照用同時, 特名異耳. 機者, 機關也. 如云, '觸一機而百關俱發.' 正當不觸不發之時, 謂之大機. 大機, 以圓應爲義, 大用之機. 旣觸旣發之時, 謂之大用. 大用, 以直截爲義, 大機之用. 隨得一要, 便乃超三玄, 越三句. 如百丈得大機, 黃蘗得大用. 莫不親承馬祖一喝, 赫然爲臨濟本宗, 此其證也."

(2) 분양 선소汾陽善昭의 설 인증

분양 선소 선사가 삼현三玄에 대한 말을 제기하고 이렇게 말했다. "반드시 옛사람의 뜻을 이해한 다음이라야 자기 마음이 밝혀질 뿐만 아니라 또한 그것을 자유자재로 활용하는 경지를 터득하여 자신의 살림살이를 알게 될 것이다. 그래서 남전南泉은 '왕노사는 18계 어디서나 살림살이를 할 줄 안다'[49]고 한 것이다." 그러자 어떤 학인이 분양에게 물었다. "옛사람은 18계 어디서나 살림살이를 할 줄 안다고 하는데 어떤 살림살이를 하는 것입니까?" "두 마리 물소의 두 뿔을 가두는 우리는 없다. 만일 이 화두를 밝힐 수 있다면 삼현의 취지를 터득하여 비로소 어떤 장애도 없이 마음껏 써먹으며 한평생을 활짝 펼

---

49 『景德傳燈錄』 권28(T51, 445a16). 이에 대하여 조주趙州는 "나는 18계 어디서나 살림을 부수고 집을 무너뜨릴 줄 안다.(我十八上, 便解破家散宅.)"라고 대칭시켰다. 『禪門拈頌說話』 230則 참조.

치게 될 것이다. 그대에게 모든 것을 게송으로 읊어 주겠다.

제1현【체중현體中玄】[50]이여,
법계는 끝도 없이 드넓구나.
빽빽이 펼쳐진 만상이,
모두 거울에 원만히 들어 있도다.

제2현【용중현用中玄】이여,
석존께서 아난에게 묻는구나.
많이 알고 차별에 따라 답하니,[51]
그릇 크기와 모나거나 둥근 형상에 응하도다.

제3현【현중현玄中玄】이여,
옛 황제 앞에 곧바로 드러내는구나.
사구와 백비[52]를 벗어난 경지,

---

50 세주細註는 『汾陽語錄』에는 없고 『禪門四辨漫語』 작자가 붙인 것이다. 이하도 동일하다.

51 '많이 안다'는 뜻의 다문多聞은 아난을 가리킨다. 부처님 제자 가운데 설법을 가장 많이 들었을 뿐만 아니라 가장 잘 이해하였기 때문에 다문제일多聞第一이라 부른다. 이러한 다문의 지혜로 현상이나 근기 등 다양한 차별(事)에 적절하게 응하여 대답하는 솜씨를 나타낸다. 다음 구절의 뜻이다.

52 사구백비四句百非 : 모든 언어 형식. 언어를 총괄적으로 나타낸다.

여씨閭氏가 풍간豊干에게 물었다네.[53]"

분양이 이어서 말했다. "이것들이 삼현에 대하여 읊은 게송이다. 그렇다면 삼현의 취지는 무엇인가?【은근히 삼요를 가리키고 있다.】 반드시 분명하게 가려내야 한다."[54]

汾陽昭禪師, 擧三玄語云, "直須會取故人意旨, 然後自心明去, 更得受用自在, 識得自家活計. 所以南泉云, '王老師十八上, 解作活計.'" 僧問, "古人十八上解,[1)] 未審作個什麽活計?" 師云, "兩隻水牯牛, 雙角無欄圈. 若能於此明得去, 卽得三玄旨趣, 始得受用無礙, 暢快平生. 與汝一切頌出.
第一玄【體中玄】, 法界廣無邊. 森羅及萬像, 總在鏡中圓.
第二玄【用中玄】, 釋尊問阿難. 多聞隨事答, 應器量方圓.

---

53 풍간과 여구윤閭丘胤 사이에 있었던 인연에 기초하여 언어에 예속되지 않고 드러내는 활발한 경지를 나타내었다. 여구윤이 두통을 앓고 있을 때 풍간이 깨끗한 그릇을 구해 그 안에 주문을 불어넣은 물을 담아 뿌려 주었더니 그 자리에서 나았다. 여구윤이 어떻게 이렇게 신통할 수 있는지 묻자, 풍간은 문수文殊와 보현普賢 두 보살을 알현하고 와서 그런 효험을 볼 수 있었다는 뜻을 비쳤다. 두 보살의 소재를 묻는 여구윤에게 풍간은 천태산天台山 국청사國淸寺에서 밥을 짓고 설거지를 하는 한산寒山과 습득拾得이 그들이라고 대답해 주었다. 『景德傳燈錄』 권27 「天台豊干傳」(T51, 433b22) 참조.

54 『汾陽語錄』(T47, 597b22).

第三玄【玄中玄】, 直出古皇前. 四句百非外, 闔氏問豊干."

師乃曰, "這個是三玄之頌, 作麽生是三玄之旨趣?【暗指三要.】直須決擇分明."

1) 역 『汾陽語錄』(T47, 597b27)에는 '解' 다음에 '作活計'가 더 들어가 있다.

(3) 삼성三聖[55]의 문답 인증

"제1현이란 무엇인가?" "온전한 기틀(全機)을 비추어 응하니 하늘과 땅 사이에 만상이 빽빽이 펼쳐진 모습이 마치 인다라망因陀羅網과 같다. 운문雲門의 '하늘과 땅 전체를 감싸서 덮는 구절'[56]과 짝이 될 만하다." "제2현이란 무엇인가?" "미묘한 작용이 종횡으로 전개되고 편의에 따라 손을 쓰며 하나하나의 말마다 아끼고 구절마다 온전히 진실하다. 이것은 소양昭陽[57]이 제시한 '물길이 흐르는 대로 따르고 좇아가는 구절'[58]이

55 청풍 장로淸風長老, 호월 상인皓月上人, 벽암 노숙碧菴老宿 세 사람을 가리킨다. 『禪門綱要集』「三聖章」(H6, 851a) 참조.

56 함개건곤函蓋乾坤 : 운문 문언雲門文偃이 함개건곤·목기수량目機銖兩·불섭만연不涉萬緣 등으로 제시한 삼구를 그의 제자 덕산 연밀德山緣密이 함개건곤·절단중류截斷衆流·수파축랑隨波逐浪 등으로 정리했다. 이것을 보통 '운문삼구'라 한다. 『雲門廣錄』 권하(T47, 576b19), 『人天眼目』 권2 「三句」(T48, 312a7), 『五家宗旨纂要』 권하 「雲門三句」(X65, 279c11) 등에 수록되어 있다.

57 소양昭陽 : 운문 문언雲門文偃(864~949)의 호.

58 물길이 흐르는……좇아가는 구절(隨波) : 수파축랑隨波逐浪의 줄임

니, 기틀에 응한다는 뜻이다." "제3현이란 무엇인가?" "기틀(機)과 활용(用)을 평등하게 시행하고, 주관(人)과 객관(境)을 모두 잊으며, 범부와 성인을 구분하는 분별은 참으로 사라졌다."[59]

이상은 모두 이 구절【제3구】에 대하여 언급한 내용이고, 위의 두 구절【제1구·제2구】에 서술된 사항과 결코 혼동하여 착각하지 마라.【이것은 모두 제3구에 대한 언급이다. 만약 그것으로 현玄과 요要를 궁구하여 말한다면 제1구·제2구는 착각이 된다.】

三聖問答. 曰, "如何是第一玄?" 曰, "全機照應, 乾坤之內, 萬像森羅, 如因陀羅綱.[1)] 可配雲門函蓋乾坤也." "第二玄如何?" 曰, "妙用縱橫, 隨宜下手, 言言堪愛, 句句全眞. 此乃昭陽隨波, 應機也." "第三玄如何?" 曰, "機用齊施, 人境俱忘, 凡聖情盡也." 此皆此句【第三句】所詮, 上二句【第一句·第二句】之事, 切莫錯會.【此皆第三句之所詮. 若以論玄要而謂, 第一句·第二句, 則爲錯解也.】

1) ㉠ '綱'은 '網'인 듯하다.

이상과 같이 한 줄로 꿰어 늘어놓은 말들은 모두 옛사람의 구절을 끌어들여 현재의 실상을 증명하는 방식이지만 해당

말. 각주 56) 참조.

59 이상의 문답은『禪門綱要集』「三聖章」(H6, 851a)에 실려 있다.

구절 안의 모순도 벗어나지 못하여 여전히 극심한 잘못에 빠져 있는데[60] 하물며 자신의 견해를 별도로 내세워 매번 '예부터 전해진 법도를 변화시키고 항상 이어져 온 습속을 바꾸고자 하는 시도'[61]야 말할 나위가 있겠는가!

(백파는) 여래선을 격외格外로 간주하여 분좌分座에 배속하였다. 그것을 격외라 하여 분좌에 배속한다면 더 이상 격외선을 제2구에 배속해서는 안 된다. 왜냐하면 제2구에서는 격이 정해진 삼현의 법도를 완성하므로 이는 격을 벗어난 것(格外)이 아니기 때문이다.

그렇다면 일우一愚는 무슨 이유로 여래선을 제2구에 배속하였을까? 여래선으로써 의리義理를 상세히 설명하면 격이 정해진 법도를 완성하는 제2구의 일과 같기 때문에 그것에 배속했던 것이다.[62] 격외란 권權과 실實 등 교설의 격을 뚫고

---

60 백파가 일우一愚의 설을 끌어들여 자신의 삼종선三種禪을 입증하는 근거로 삼고 있지만, 여래선을 제2구에 배속하는 일우의 잘못을 근거로 삼아 이 제2구를 격외格外와 연결하는 더 큰 잘못에 빠졌다는 논리이다. 뒤에 나온다.

61 변고역상變古易常 : 과거의 법제法制와 습속習俗을 바꾼다는 말로 『韓非子』「南面」에 나오는 "다스림의 본질을 모르는 자들은 틀림없이 '과거의 법제를 변화시키지 말고 항상 이어져 온 습속을 바꾸지 마라'고 하리라.(不知治者, 必曰 '無變古, 毋易常.')"는 말에 근거한다. 여기서는 백파가 일우의 잘못에 따르면서 그것을 개변하여 더 큰 잘못을 저질렀다는 말로 쓰였다.

62 애초에 일우는 여래선을 격외의 도리와 연결하지 않았는데, 백파가 일

벗어난 경계를 가리키는 말이 아니었던가!

앞서 한 말(일우의 설)에 따르면 여래선으로는 본분의 측면에서 벗어나지 못한다는 뜻이지만, 뒤에서 한 말(백파의 설)에 따르면 여래선으로써 본분을 깨닫고 본분의 이치까지 넘어선다[63]는 뜻이다. 이렇게 해당 구절 안에서 앞뒤의 논리가 어긋난다.

또한 앞에서는 '하나하나의 법마다 온전히 진실하다'는 말로써 깎아내려 여래선이라 하였지만, 뒤에서는 '권權 그대로 실實을 밝힌다'는 공功으로써 치켜세워 격외선이라 하였다. 깎아내렸다가 치켜세우며 마음 가는 대로 두고 멋대로 하면서 아무 거리낌도 없고 바라는 대로 하면서 아무 부끄러움도 없다.

如上一絡索, 皆援古證今, 而不越當句之內, 猶是敗闕極甚, 況復別立己見, 每欲變古易常! 以如來禪爲格外, 而配之分座. 旣謂之格外, 而配於分座, 則更不可以格外禪, 配第二句. 以第二句中, 完成三玄格則, 非是格外也. 然則, 一愚何故, 以如來禪, 配第二句? 以如來禪, 開說義理, 與第二句完成格則相同, 故配之也. 夫格外者, 非透脫權實敎格之謂耶! 前頭之言,

---

우의 설에 근거한다고 했음에도 의도적으로 여래선을 격외에 배속하기 위하여 이를 벗어났다는 주장이다.

63 여래선을 격외에 배속하는 맥락.

以如來禪, 未脫本分頭角；後頭之言, 以如來禪, 悟得本分, 超出於本分之義理. 是當句內, 前後相違. 又前以法法全眞之言, 貶而降之, 名如來禪；今以卽權明實之功, 褒而昇之, 爲格外禪. 貶而降之, 褒而升之, 任意自在, 肆然無忌憚, 蘄然無慚愧.

괴이하구나! 이 늙은이가 멋대로 지어낸 말이여. 의아스럽구나! 본래의 지위에 이른 어떤 사람에 대하여 번뇌를 벗어났느니 벗어나지 못했느니 하며, 신훈과 본분의 자취가 있다느니 없다느니 하며, 본체와 작용이 서로 뒤섞여 있다느니 떨어져 있다느니 하며, 살과 활이 한편으로 치우쳐 있다느니 이 둘을 다 아우른다느니 하며, 부처와 조사를 물리치느니 안치하느니 할 뿐만 아니라 심지어는 돈오를 증득하느냐 점수를 닦느냐의 차이에 따라 남종은 적자이고 북종은 서자라는 구분이 발생한다[64]고 하며 갖가지를 번잡하게 끌어들여 짝지우지만 갈피를 잡을 수 없고 모순되기만 하다. 앞에서는 잡았다가 뒤에서 놓치는 잘못을 모면하지 못하여 마침내 왼쪽을 돕느라 오른쪽은 모자라게 되는 어리석음에 빠지고 마는 것이다.

64 돈오를 선종의 정통 선법으로 내세우면서 그것을 점수와 구분한 사실을 말한다. 남종의 혜능慧能과 북종의 신수神秀를 가르는 기준도 이것이며, 돈오의 남종이 적자이고 점수의 북종이 서자라는 뜻이다.

異哉! 斯老之所造也. 疑矣! 至於本位那人, 頭角之脫與未脫, 新熏本分朕跡之有與不有, 體用之互相隔別, 殺活之偏有兼單, 佛祖之打之安之, 至謂頓漸之修證有差, 南北之適孼生焉, 雜踏引配, 支離抵捂. 不免前捉後失, 終成左輔右缺.

또한 "제3구는 단지 차별의 신훈만 있고 무차별의 본분이 없는 도리이므로 의리선이라 한다."라고 말한다. 이 말 역시 전혀 이치에 맞지 않는다. 대체로 제3구 중에는 삼현과 삼요, 방편(權)과 진실(實), 비추어 봄(照)과 드러나 작용함(用) 등 모든 도리가 커다랗게 나타나지 않음이 없다. 그렇거늘 어찌 유독 차별의 신훈만 있고 무차별의 본분이 없는 도리라고 할 것인가! 그런 까닭에 "여래는 49년 동안 중생의 근기에 따라 설법하셨다. 이는 제3구이다."라 하고, 또한 "이 역시 뛰어난 솜씨를 가진 종사宗師가 이런저런 상황에 따라 적절하게 말한 소식이다. 대체로 부처님과 조사가 중생의 수준에 맞게 한 말,[65] 돈오와 점수의 근기를 가르는 것, 깨달음의 다양한 효과

65 낙초지담落草之談 : 번뇌의 숲에 떨어져서 전하는 이야기. 그때마다 마주치는 상대와 상황에 따라서 본분사를 지시하기 위하여 스스로 수준을 낮추어 말하는 제2의문第二義門. 『雲門廣錄』 古尊宿語錄16(X68, 100b11), "옛날부터 노숙한 종사들은 모두 자비를 베풀 목적으로 번뇌의 숲에 떨어져서 전하는 이야기를 가지고는 사람들이 하는 말에 따라 그 사람의 수준을 파악했던 것이다. 번뇌의 숲을 벗어나는 이야기라면

와 수행하여 깨달음, 모든 차별된 지위 등이 모조리 이 구절에 속한다."[66]고 하였다. 이것이 일우一愚가 판단한 제3구의 진실한 뜻이다. 어디에 단지 차별의 신훈만 있고 무차별의 본분은 없는 의리선이라는 이름이 있는가! 만일 '여래가 49년 동안 근기에 따랐다'는 설은 신훈일 뿐이고 본분이 없으며, '뛰어난 솜씨를 가진 종사가 이런저런 상황에 따라 한 말'도 신훈일 뿐이고 본분이 없다고 한다면 '저들 모든 차별된 지위는 모조리 이 제3구의 말에 속한다'라고 한 말에 대해서는 또 무슨 말로 진실을 덮어 가릴 것인가!

又言, "第三句, 惟有但新無本之義理, 故名曰, 義理禪." 此亦大爲不然. 蓋第三句中三玄三要, 權實照用, 一切義理, 無不

이렇지 않으니 만약 이렇다면 아는 말을 거듭하는 결과가 된다.(古來老宿, 皆爲慈悲之故, 有落草之談, 隨語識人. 若是出草之談, 卽不與麽, 若與麽, 便有重話會語.)"

66 『禪門綱要集』「一愚說」(H6, 855a). 인용한 두 글 사이에는 향엄과 학인, 그리고 석상의 다음 문답이 실려 있다. "향엄에게 어떤 학인이 물었다. '도란 무엇입니까?' '고목 속에서 용이 트림을 한다.' '도 속에 들어가 있는 사람이란 무슨 뜻입니까?' '해골 안의 눈동자이다.' 그 학인이 석상에게 향엄의 말을 제기하였다. '고목 속에서 용이 트림을 한다는 말은 무슨 뜻입니까?' '여전히 정감이 묻어 있구나.' '해골 안의 눈동자란 무슨 뜻입니까?' '여전히 분별을 지니고 있구나.'(僧問香嚴, '如何是道?' 嚴云, '枯木裡龍吟.' 問, '如何是道中人?' '髑髏裡眼睛.' 僧擧問石霜, '如何枯木裡龍吟?' 霜云, '猶帶喜在.' 問, '如何是髑髏裡眼睛?' 云, '猶帶識在.')"

丕[1)]顯. 何獨有但新無本之義理哉! 所以道, "如來四十九年, 隨機說法. 是第三句." 亦是"大手宗師, 東說西說之時節. 大凡佛祖, 落草之談, 頓漸之機, 功熏修證, 一切差別地位, 總屬此句." 此一愚所判第三句之義也. 何處更有但新無本之義理禪名字乎! 若言, '如來四十九年, 隨機之說.' 但新無本; '大手宗師, 東說西說.' 但新無本, '彼一切差別地位, 總屬此句'之言, 又能如何遮障耶!

1) ㊖ 연인본에는 '丕'가 '否'로 되어 있으나, '丕'가 옳다.

(4) 임제 의현臨濟義玄의 설 인증

임제는 대중에게 이렇게 말했다. "대체로 종지를 풀어서 펼치면 한 구절에 반드시 삼현의 문을 갖추어야 하고 하나의 현문에는 반드시 삼요를 갖추어야 한다. 여기에는 권權도 있고 실實도 있으며, 조照도 있고 용用도 있다."[67]

여기서 말하는 '한 구절'은 제3구를 가리킨다. 무슨 근거로 그렇다는 사실을 아는가? 대개 풀어서 펼치지 않으면 그만이지만 일단 풀어서 펼쳤다면 제3구에 해당한다.【두 현인의 문답 : "제3구란 어떤 것인가?" "지금 내가 그대와 함께 한편은 설명하고 다른 한편은 들으며, 질문과 대답을 주고받는 바로 이 상황이 벌써 제3구에 떨어진

67 『人天眼目』 권1 「三玄三要」(T48, 301c24). 각주 22)의 『臨濟錄』 참조.

것이다. 마치 삼요의 도장을 물렁한 진흙에 눌러 찍어 그 흔적이 온통 드러나 있으므로 이름을 바꾸어 '삼구'라 하는데, 현과 요가 모두 그 속에 들어 있다."】[68] 그러므로 풀어서 펼칠 때는 삼현이 이 구【제3구】에 갖추어지니, 이것을 가리켜 '한 구절에 삼현을 갖추고 있다'고 한다.

현玄은 요要의 그림자이며, 요는 현의 본래 형체이다. 그림자가 있다면 본래 형체도 반드시 갖추어져 있는 것이므로 하나의 현을 들면 삼요가 갖추어지니, 이것이 "하나의 현문에 삼요를 갖추고 있다."는 뜻이다.

'권도 있고 실도 있다'는 말은 삼현을, '조도 있고 용도 있다'는 말은 삼요를 나타낸다. 이것은 현玄과 요要가 제3구에 속한다는 취지를 결론지어 가리킨 말이다.【일우는 "조와 용은 요로서 제1구에 해당하고, 권과 실은 현으로서 제2구에 해당하기도 하고 제3구에 해당하기도 한다."고 한다.】[69]

만일 현과 요의 이치를 풀어서 펼치는 방식을 가리켜 의리선이라 한다면, 지난날의 관점에서도【옛사람은 제2구인 여래선을 의리선으로 간주했다.】 반드시 틀린 주장은 아니다. 하지만 만약 제2구인 여래선을 독립적으로 뽑아내어 격외선으로 간주하

68 『禪門綱要集』「二賢話」(H6, 852a).
69 위의 책, 「一愚說」(H6, 854b).

고 또한 신훈만 있고 본분이 없는 것을 제3구라 여겨서 이것으로 의리선이라는 명칭을 별도로 세운다면 참으로 타당하지 않은 주장이니, 위에서나 아래서나 모두 들어맞지 않고 한 국면에 치우쳐 말의 논리가 성립되지 않는다.

臨濟示衆云, "大凡演暢宗乘, 一句中須具三玄門, 一玄門須具三要. 有權有實, 有照有用." 此言一句, 指第三句也. 何以知其然也? 蓋不演暢則已, 如其演暢, 則便當第三句也.【二賢問答 : 曰, "第三句如何?" 答曰, "今吾與子, 一說一聽, 一問一答, 早落第三句了也. 如將三要印, 向爛泥上踏却, 痕縫全彰, 故轉名三句, 玄要在其中矣."】故演暢之時, 三玄便具於此句【第三句】中, 是謂一句中具三玄也. 玄是要之影, 要乃玄之形. 影之所在, 形必具焉, 故隨擧一玄, 便具三要, 是爲一玄門具三要也. 有權有實者, 三玄也. 有照有用, 三要也. 此結指玄要之在第三句也.【一愚曰, "照用是要, 當第一句 ; 權實是玄, 當第二句, 又當第三句."】若以演暢玄要之義理, 謂之義理禪, 則近古【古人, 以第二句如來禪, 爲義理禪.】而未必不可矣. 若第二句如來禪, 獨拔之爲格外禪, 又以但新無本爲第三句, 以此別立義理禪之名, 則最大不可, 於上於下, 皆不襯[1]著, 偏局而不成說也.

1) ㉠ 연인본에는 '襯'이 '櫬'으로 되어 있으나, '襯'이 옳다.

제3장 이선二禪과 선문오종禪門五種 배대 논쟁

1. 백파의 설

● 두 가지 선禪을 다섯 종파에 짝지으면 조사선은 임제종臨濟宗과 운문종雲門宗 등 두 종파에 해당한다. 임제종은 기機와 용用을 모두 갖추었기 때문에 조사선의 정통이고, 운문종은 번뇌망상의 흐름을 끊는 길[70]만 밝힐 뿐 기와 용을 나타내어 말하지 못하기 때문에 임제종에는 미칠 수 없다. 여래선은 조동종曹洞宗·위앙종潙仰宗·법안종法眼宗 등 세 종파에 해당한다. 그중 조동종은 향상의 종지를 밝히고 순금을 남김없이 펼쳐 놓은 점포[71]이기 때문에 여래선의 정통이고, 위앙종은 다

70 번뇌망상의 흐름을 끊는 길(截斷) : 절단중류截斷衆流의 줄임말. 각주 56) 참조.

71 마조 도일馬祖道一의 말에 따른다. 『祖堂集』 권4(K45, 262a23), "석두는 순금만 파는 점포이고, 강서(마조)는 잡다한 물건을 파는 점포이다.(石頭是眞金鋪, 江西是雜貨鋪.)" 이 말은 『景德傳燈錄』 권11 「仰山慧寂傳」(T51, 282c24) 등에 인용된다. 순금을 파는 점포는 모든 수단을

만 체體와 용用을 밝혔을 뿐 향상의 종지는 밝히지 못하여 순금을 남김없이 펼쳐 놓은 점포만은 못하므로 조동종에는 미칠 수 없다. 법안종은 다만 '모든 것이 마음일 뿐이다'라는 이치만 밝혔으니 용用을 거두어 체體로 돌아갈 뿐이므로 이 또한 위앙종에는 미치지 못한다.

六隱老曰, "二禪若配五宗則, 祖師禪, 則臨濟雲門二宗. 臨濟宗, 具足機用故, 爲祖師禪正脉; 雲門宗, 但明截斷, 而未能現說機用故, 不及臨濟宗也. 如來禪, 卽曹洞[1]潙仰法眼三宗. 於中曹洞宗洞明向上, 而窮盡眞金鋪故, 爲如來禪正脉; 潙仰宗, 但明體用, 而未明向上, 而未盡眞金鋪故, 不及曹洞宗; 法眼宗,[2] 但明惟心, 則唯攝用歸體故, 亦不及潙仰宗也."

1) ㉧ 연인본에는 '洞' 다음에 '宗'이 있다. 2) ㉧ 연인본에는 '宗'자 없이 '法眼'으로만 되어 있다.

2. 초의의 비판

"두 가지 선을 다섯 종파에 짝지으면 임제종은 기와 용을

끊고 본분을 곧바로 가리키는 선법 또는 부정적 방법인 살殺에 치중하는 선법을 나타내고, 잡화를 파는 점포는 다양한 차별을 모두 긍정하는 활活 위주의 선법을 나타내지만, 백파(육은)는 이 뜻으로 쓰지는 않았다.

모두 갖추었기 때문에 조사선의 정통이고, 운문종은 번뇌망상의 흐름을 끊는 길만 밝힐 뿐 기와 용을 나타내어 말하지 못하기 때문에 임제종에는 미칠 수 없다."고 말하였다.

그렇다면 기와 용을 벗어나서 별도로 번뇌망상의 흐름을 끊는 길이나 물길이 흐르는 대로 따르고 좇아가는 길[72]이 있고, 번뇌망상의 흐름을 끊는 길이나 물길이 흐르는 대로 따르고 좇아가는 길 이외에 별도로 기와 용이 있다는 것인가? 이것은 참으로 말에 집착하여 도리를 잃어버린 예인 것이다.

기와 용을 나타내어 말하면 그것이 있고, 나타내어 말하지 않으면 있지 않다는 뜻인가? 그렇다면 세존께서도 기와 용을 나타내어 말씀하신 적이 없으니 세존도 기와 용이 없으며, 33조사들[73]도 기와 용을 나타내어 말한 적이 없으니 조사들도 기와 용이 없다는 뜻이 된다. 모두 없는 이상 전승된 종지는 무엇으로 법인法印을 삼는단 말인가? 만약 운문종에 기와 용이 없었던 적이 없지만 그것을 나타내어 말하지 않았기 때문에 임제종에 미칠 수 없다고 말한다면, 부처님과 조사도 모두

---

72 물길이 흐르는……좇아가는 길(隨波) : 수파축랑隨波逐浪의 줄임말. 각주 56) 참조.

73 33조사들(卅三諸祖) : 인도와 중국의 조사를 모두 합한 선종의 33대 조사. 초조 가섭迦葉으로부터 보리달마菩提達磨에 이르기까지 인도의 28대 조사와 달마를 초조로 하여 혜능에까지 이어지는 중국의 6대 조사를 합하여 부르는 말이다.

임제종에 미칠 수 없으니 조종祖宗이 되지 못할 것이다.

言, "以二禪配五宗則, 臨濟宗具足機用故, 爲祖師禪正脉, 雲門但明截斷, 而未能現說機用故, 未及臨濟宗." 然則離機用外, 別有截斷隨波, 離截斷隨波外, 別有機用乎? 是誠執言而迷義者也. 且機用現說則有之, 不現說則不有乎? 然則世尊未曾現說機用, 是世尊無機用也; 卅三諸祖, 未曾現說機用, 是祖師無機用也. 旣皆無之, 所傳宗旨, 以何爲法印乎? 若言雲門未曾無乎機用, 以其不現說故, 不及於臨濟云則, 是佛與祖師, 皆不及於臨濟, 而不足爲祖宗也.

또한 "위앙종은 체와 용을 밝혔을 뿐 향상의 종지와 순금을 파는 점포는 밝히지 못하여 향상의 종지를 분명히 밝혀서 순금을 남김없이 펼쳐 놓은 점포와 같은 조동종에는 미칠 수 없다."고 하였다.

향상의 종지를 밝혔다거나 밝히지 못했다거나, 순금을 파는 점포에서 순금을 남김없이 펼쳐 놓았다거나 그렇지 않았다거나 하는 따위의 구별에 대하여 어떤 근거로 그들 사이의 격차를 이처럼 상세하게 안단 말인가? 이후 말세가 닥쳤을 때, 절름발이나 애꾸눈과 같이 불완전한 몸으로 스승을 칭하는 무리가 여래선이니 조사선이니, 기機와 용用이 온전하거니

온전하지 못하거니 하는 구별로 일일이 따지며 밝혀서 상세하게 앎을 펼치게 되리라.[74]

저들[75]은 장차 성불하리라는 예언[76]을 은밀하게 받은 이래로 백장고불百丈古佛[77]의 가르침을 충분히 알고 일대사를 막힘없이 밝혀 천오백 대중에게 존귀하게 받들어졌던 선지식들이거늘 기와 용을 온전히 갖춘 조사선에 대해서는 전혀 모르고 겨우 여래선의 순금 파는 점포 중 반쪽의 진실만 알았단 말인가! 하물며 앙산仰山은 제2조 아난존자의 후신後身[78]으로서 서천의 아라한들이 수시로 (문수보살에게) 특별히 법을 물으러 찾아왔다가 (앙산을 만나고는 그를) 소석가小釋迦[79]라 부르기까지 하였는데 오히려 여래선의 향상하는 종지를 몰랐다고 하는가! 아, 안타깝다! 보잘것없는 말이 도를 해치는구나. 아난은 세 번 조사의 문에 들어갔으나[80] 앙산의 몸을 받고서야

---

74 백파의 관점이 후세에 악영향을 끼칠 것이라는 말.

75 위앙종의 위산 영우潙山靈祐(771~853)와 앙산 혜적仰山慧寂(803~887).

76 앙산이 소석가小釋迦가 되리라는 예언(懸記)을 가리킨다. 『臨濟錄』(T47, 506c16)에 보화普化가 그러한 예언을 했다는 기사가 나온다.

77 백장고불百丈古佛 : 백장 회해百丈懷海를 가리킨다. '고불'은 선종의 조사에게 붙이는 존칭 중 하나이다. 조주고불趙州古佛도 그 예이다.

78 앙산은 제2조 아난존자의 후신後身 : 전거는 알 수 없다. 초의의 자의적 평가로 보인다.

79 앞의 문장은 내용이 압축되어 있어서 오해의 소지가 있다. 아래 제시되는 '④ 논거'에 그 이야기의 전말이 실려 있다.

80 아난은 세 번 조사의 문에 들어갔으나 : 전거 미상.

소석가라 불려졌다. 위산潙山은 분명 소석가의 스승이건만 그가 조사선의 기와 용은 알지 못하고 겨우 여래선의 순금을 파는 점포 중 반쪽의 진실만 알았다고 여겨 은근슬쩍 다섯 종파 속에 끼워 넣어 두었다가 걷어차서 조동종의 발밑으로 밀쳐 버리니, 대단히 원통하고 억울한 처사가 아니겠는가!

처음으로 동산 양개洞山良价가 위산을 친견했을 때 무정설법無情說法[81]의 이치에 대하여 물었는데, 위산이 불자拂子를 꼿

---

81 무정설법無情說法 : 돌이나 풀과 같은 무정無情이 법을 말한다는 뜻이다. 본래 남양 혜충南陽慧忠이 제시한 화두가 위산을 거쳐 운암과 동산으로 이어졌다. 혜충의 본래 문답은 다음과 같다. 『祖堂集』 권3 「慧忠章」(K45, 253a10), "남방 선객이 물었다. '옛 부처의 마음이란 어떤 것입니까?' 혜충이 답했다. '담장과 기와 조각 같은 무정물이 모두 옛 부처의 마음이다.' '경전의 말과 대단히 어긋납니다. 『열반경』에는 「담장이나 기와 조각 같은 무정물을 여의었으므로 불성이다」라고 했기 때문입니다.'……'그대가 만일 무정에게는 불성이 없다고 확정적으로 주장한다면 경전에 「삼계三界가 오로지 마음이요 만법萬法은 식識일 뿐이다」라고 하지 않았을 것이다. 그러므로 『화엄경』에 「삼계의 모든 법은 마음이 지은 것이다」라고 한 것이다. 그렇다면 그대에게 묻겠다. 무정이 삼계 안에 있는가, 삼계의 밖에 있는가? 그것은 마음인가, 마음이 아닌가? 무정이 마음이 아니라면 경전에서 「삼계가 오로지 마음」이라고 하지 않았을 것이며, 무정이 마음이라면 무정에게 불성이 없다고 말해서는 안 될 것이다. 그대 자신이 경전의 뜻을 어긴 것이며, 내가 어긴 것이 아니다.' '무정에게 마음이 있다면 법을 말할 줄 압니까?' '그들은 치열하게 말하고 있으니 늘 말하고 변함없이 말하면서 쉴 틈이 없다.'(有南方禪客問, '如何是古佛心?' 師曰, '牆壁瓦礫, 無情之物, 並是古佛心.' 禪客曰, '與經太相違. 故涅槃經曰, 「離牆壁瓦礫, 無情之物, 故名佛性.」 …… '汝若定執無情無佛性者, 經不應言, 「三界唯心, 萬法唯識.」 故華嚴經曰, 「三界所有

꼿꼿이 세우자 동산이 말했다. "저는 모르겠으니 스님께서 가르쳐 주시기 바랍니다." 이에 위산은 "부모에게 물려받은 입으로 결코 그대에게 말해 주지 않겠다."고 하였다.[82] 동산이 여전히 이해하지 못하다가 위산의 지시를 받고 운암 담성雲巖曇晟에게 가서 법을 묻고는 딱 들어맞게 알아차렸다.[83] 이 일이

法, 一切唯心造.」今且問汝, 無情之物, 爲在三界內? 爲在三界外? 爲復是心? 爲復不是心? 若非心者, 經不應言,「三界唯心.」若是心者, 不應言無情無佛性. 汝自違經, 吾不違也.' 禪客曰, '無情旣有心, 還解說法也無?' 師曰, '他熾然說, 恆說常說, 無有間歇.')"

82 『洞山語錄』(T47, 507b25). 『景德傳燈錄』 권15(T51, 321c1)에도 수록되어 있지만 『洞山語錄』의 구절이 본서에 더 가깝다.

83 운암에게 무정설법에 대하여 다시 묻고서 소식을 얻은 이야기를 말하는데 그 과정은 다음과 같다. 『洞山語錄』(T47, 507c4), "동산이 마침내 위산潙山과 작별하고 지름길로 운암雲巖에게 이르러 이전의 인연을 들려준 다음 물었다. '무정의 설법은 어떤 사람이 듣습니까?' '무정이 듣는다.' '스님께서도 듣습니까?' '내가 만일 듣는다면 그대는 나의 설법을 듣지 못할 것이다.' '저는 어째서 듣지 못합니까?' 운암이 불자拂子를 꼿꼿이 세우고 말했다. '들었는가?' '못 들었습니다.' '내가 전하는 설법도 듣지 못하거늘 어찌 무정의 설법을 들을 수 있겠는가?' '무정의 설법은 어떤 경전의 가르침에 들어 있습니까?' '『미타경』에 「흐르는 물과 새들과 나무숲이 모두 염불하고 법을 외운다」고 한 말을 모르는가?' 이 말에 동산이 깨달은 것이 있어 게송 한 수를 지었다. '대단히 기이하고, 대단히 기이하구나! 무정의 설법은 생각으로 미치지 못하고 말로 표현할 수 없도다. 만일 귀로 들으려 하면 끝내 알아차리기 어려우니, 눈으로 소리를 들어야 비로소 알 수 있으리라.'(師遂辭潙山, 徑造雲巖, 擧前因緣了, 便問, '無情說法, 甚麽人得聞?' 巖曰, '無情得聞.' 師曰, '和尙聞否?' 巖曰, '我若聞, 汝卽不聞吾說法也.' 師曰, '某甲爲甚麽不聞?' 巖竪起拂子曰, '還聞麽?' 師曰, '不聞.' 巖曰, '我說法, 汝尙不聞, 豈況無情說法乎?' 師曰, '無情

있기 이전에 운암도 위산에게 법을 물으러 갔다가 '번뇌망상의 흔적을 끊는다'는 뜻을 듣고서 깨달았다.[84] 그는 훗날 동산의 스승이 되었고 동산은 운암으로부터 법을 전수받아 조동종의 종지를 세웠다.

이상은 조동종의 연원이 위산에게서 시작되었다는 사실을 나타낸다. 후인들이 이러한 사실을 전혀 모르고 『인천안목』[85] 한 권만 읽고 나서 두 종파의 우열을 헛되게 판정지은 결과로 이처럼 심하게 도치되고 터무니없는 주장을 하는 것이다.

又言, "潙仰宗, 但明體用, 而未明向上眞金鋪, 尙不及於曹洞宗之洞明向上, 而窮盡眞金鋪." 其向上之明不明, 眞金鋪之窮不窮, 何從而知其層隔之如此詳細耶? 於此後末世時, 跛脚眇目之阿師輩, 如來禪祖師禪, 機用之全不全, 歷歷洞明而詳悉之. 彼密受懸記而來, 飽參百丈古佛, 洞明大事, 爲一千五百衆所宗事之善知識者, 都不知有具機用之祖師禪, 僅知得如來禪眞金鋪之半面乎! 況且仰山是第二祖阿難尊者後身, 西天

說法, 該何典敎?' 巖曰, '豈不見, 彌陀經云, 「水鳥樹林, 悉皆念佛念法.」' 師於此有省, 乃述偈曰, '也大奇, 也大奇! 無情說法不思議. 若將耳聽終難會, 眼處聞時方可知.')"

84 앞의 각주에 인용한 내용 직전의 이야기에 해당한다. 위의 책, 507c2.

85 『人天眼目』 권3(T48, 313c7)에서는 조동종만 언급했고, 권4(T48, 321b14)에서는 온전히 위앙종만 언급했다.

羅漢, 時時特來問法, 呼謂小釋迦, 然猶不知如來禪之向上! 嗚呼, 苦哉! 小言之害道也. 夫阿難三入祖門, 而其爲仰山, 則號謂小釋迦. 潙山赫赫爲小釋迦之師傅, 以謂不知祖師禪之機用, 僅以如來禪眞金鋪之半面, 竊吹於五宗之中, 打而推之於曹洞宗之脚下, 豈不大可寃枉哉! 始也洞山參潙山, 問無情說法之義, 潙山竪起拂子, 洞山曰, "學人不會, 乞師指示." 潙山曰, "父母所生口, 終不爲子說." 洞山猶不會, 因蒙潙山敎, 往參雲岩而有契. 先是, 雲岩亦參潙山, 聞悟絶滲漏之義. 後爲洞山之師, 洞山受之雲岩, 以立曹洞宗旨. 是則曹洞宗之淵源, 濫觴於潙山也. 後人都不知此, 而但看人天眼目一書, 妄判二宗之優劣, 如此倒置無稽之甚也.

1) 위앙종潙仰宗에 대한 오해를 변증함

지금부터 다섯 종파의 어록에 수록된 여러 칙의 인연을 인용하는 까닭은 오로지 위앙종이 뒤집어쓴 이상과 같은 굴욕을 씻어 주기 위해서이다.

今引五宗語錄所載數則因緣, 一爲潙仰宗雪屈.

(1) 위산과 앙산 부자의 대기대용大機大用

① 논거

위산潙山이 백장百丈 문하에서 전좌典座[86] 소임을 맡고 있을 때의 일이다. 사마두타司馬頭陀가 와서 (백장에게) "근래에 호남에서 대위大潙라는 산을 찾았는데 그곳은 천오백 학인을 이끄는 선지식이 거처할 도량이었습니다."라고 말하고는 전좌를 위산(大潙山)의 주인감으로 지목했다.[87]

당시 화림 선각花林善覺이 대중의 우두머리(首座)였는데 백장은 그를 전좌와 함께 불러들여[88] "만일 격을 벗어나는(出格)

---

86 전좌典座 : 침소, 음식 등을 담당하는 소임. 도사都寺·감사監寺·부사副寺·유나維那·직세直歲 등과 함께 육지사六知事라 한다.

87 이 부분에서 『五燈會元』 권9(X80, 185b6) 등의 다음 기사가 생략되어 있다. "백장이 사마두타에게 물었다. '노승이 그곳에 주석해도 되겠는가?' '화상께서 거처하실 곳이 아닙니다.' '왜 그런가?' '화상은 골인骨人인데, 위산은 육산肉山이니, 주석하더라도 1천의 무리도 채우지 못할 것입니다.' '나의 대중 가운데 주석할 만한 인물이 있는가?' '두루 살펴보도록 합시다.'(丈曰, '老僧住得否?' 陀曰, '非和尚所居.' 丈曰, '何也?' 陀曰, '和尚是骨人, 彼是肉山, 設居徒不盈千.' 丈曰, '吾衆中莫有人住得否?' 陀曰, '待歷觀之.')"라고 한 뒤 사마두타는 화림은 지나치고 위산을 지목한 것이다. 『景德傳燈錄』 권9(T51, 264b27), 『潙山語錄』(T47, 577b5) 등에도 보인다. 여기서 골인이란 백장의 인상을 가리키는데 척박하여 복덕이 적다고 하는 골산骨山과 상응한다. 골산은 가난한 사찰을 나타내는 말이기도 하다. 이와 반대로 비옥한 이미지가 육산肉山에 들어 있다.

88 이 부분에는 다음과 같은 기사가 생략되어 있다. 백장이 (사마두타로부터 위산이 적합하다는 말을 듣고 나서) 그날 밤에 전좌인 위산을 방장실로

결정적인 반전의 한마디를 한다면 위산의 주지 자리를 주겠다."라고 한 뒤 정병淨甁을 가리키며 물었다. "정병이라 부르면 안 된다. 바로 이때 그대는 무엇이라 부르겠는가?"[89] 화림이 "나뭇등걸이라 불러도 안 됩니다."라고 응답했다. 백장이 이어서 전좌에게 묻자 그는 정병을 차서 뒤집어엎고 나가 버렸다.[90] 백장이 웃으며 "제일좌第一座[91]가 산자山子[92]에게 졌다."라고 판정하고 마침내 전좌에게 대위산에 들어가도록 명했다.

주지가 된 다음에 위산이 어느 날 대중에게 말했다. "수많

불러들여 자신이 대중을 교화할 인연은 한계에 도달했다고 말하고 위산에 거처하며 자신의 뒤를 이어 널리 후학을 이끌도록 부탁하였는데, 화림이 그 소리를 듣고는 동의하지 않았다.(是夜召師入室, 囑云, '吾化緣在此. 潙山勝境, 汝當居之, 嗣續吾宗, 廣度後學.' 華林聞之云, '某甲, 忝居上首. 典座何得住持?') 그래서 출격出格 문답으로 위산의 주인을 선발하는 장면이 나온다.

89 이 화두를 좀 더 효과적인 문제로 제기하기 위하여 『潙山警策註』(X63, 224c11)에서는 "정병이라 부르면 그 말에 물들고(觸), 정병이라 부르지 않으면 사실을 등지게 된다(背)."고 설정하였다. 이러면 전형적인 배촉背觸의 관문이 되어 이러지도 저러지도 못하는 궁벽한 지경에 몰아넣어 상대가 격格을 벗어날 수 있는지 점검하기에 알맞다.

90 만봉 시울萬峰時蔚(1303~1381)은 이 파격破格의 대목을 듣는 순간 의단疑團을 타파하였다고 한다. 『萬峰語錄』(J40, 494a7) 참조.

91 제일좌第一座 : 대중의 우두머리. 승당에서 가장 첫 번째 자리에 배치되기 때문에 제일좌라 하며, 수좌首座라고도 한다.

92 산자山子 : 위산 영우潙山靈祐의 별호로 바로 이때 붙여진 것이다. 위산의 주인이 될 인물이기 때문에 이렇게 불렀다.

은 사람들이 근본 기틀인 대기大機를 터득하기만 했지 그것을 온전히 활용하는 대용大用의 경지는 터득하지 못했다." 앙산仰山이 이 공안을 제기하고 절 아래 사는 암자의 주인에게 물었다. "화상께서 이렇게 말한 속뜻은 무엇입니까?" 암주가 "다시 말해 보라."고 함에 앙산이 다시 제기하려는 순간 암주에게 걷어차여 나자빠졌다. 앙산이 돌아와서 위산에게 이 이야기를 들려주자 위산은 껄껄대고 크게 웃었다.

潙山在百丈, 爲典座時. 司馬頭陀來言, "頃[1]在湖南, 得[2]一山名大潙, 是一千五百人善知識所居處." 乃指典座爲潙山主人. 時花林[3]覺首衆, 百丈並與師召至而言曰, "若下得一轉語出格, 與潙山住持." 卽指淨甁云, "不喚作淨甁. 時汝喚作什麽?" 花林云, "不可喚作木楔." 百丈乃問師, 師踢倒淨甁, 便出去. 百丈笑曰, "第一座輸却山子." 遂命師入潙山. 及後住持, 潙山日謂衆曰, "如許多人, 祇得大機, 不得大用." 仰山擧此話, 問山下庵主云, "和尙恁麽道意旨, 如何?" 庵主曰, "覓且喜閑."[4] 師擬再擧, 被庵主踏倒. 仰山歸擧似[5]師, 師呵呵大笑.

---

1) ㉯ 연인본에는 '頃'이 '傾'으로 되어 있으나, '頃'이 옳다. 2) ㉯ 『五燈會元』 등에 따르면 '得' 앞에 '尋'이 누락되어 있다. 3) ㉯ '花林'은 '華林'으로 쓰는 것이 옳다. 4) ㉯ '覓且喜閑'은 『景德傳燈錄』과 『潙山語錄』 등에 모두 '更擧看'으로 되어 있다. 번역은 이에 따른다. 5)

㉮ 연인본에는 '似'가 '佀'로 되어 있으나, '似'가 옳다.

② 논거[93]

향엄香嚴과 앙산이 위산을 시봉하며 서 있을 때 위산이 손을 들고서 "요즘은 이렇게 하는 자들은 드물고 이렇게 하지 않는 자들이 많다."고 하자, 향엄은 동쪽에서 서쪽으로 자리를 옮겨 섰고, 앙산은 서쪽에서 동쪽으로 자리를 옮겨 섰다. 위산이 "지금 이 인연이 30년 뒤[94]에는 바닥에 던지면 금석의 악기가 울리는[95] 듯 아름다운 문장으로 남아 전해지리라."고 함에 앙산은 "역시 화상께서 제창해 주셔야겠군요."라고 하였고, 향엄은 "지금도 모자라지 않습니다."[96]라고 하였다. 위산

---

93 『潙山語錄』(T47, 579a11)의 온전한 인용이다.

94 30년 뒤 : 한 세대. 당唐의 권덕여權德輿가 지은 시 「고흥古興」에 "사람의 목숨 아무리 길어도 백년인데, 그중에서 30년을 한 세대라 하노라.(人生大限雖百歲, 就中三十稱一世.)"는 구절이 있다.

95 바닥에 아무렇게나 던져도 악기 소리와 같은 울림이 있을 정도로 뛰어나고 아름다운 문장을 가리킨다. 『世說新語』「文學」·『晉書』「孫綽傳」 등에 나오는 다음과 같은 고사에 따르는 말이다. 글 솜씨가 탁월했던 진晉나라의 손작孫綽이 「천태산부天台山賦」를 지어 친구 범영기范榮期에게 주면서 "경이 한번 땅바닥에 던져 보게. 금석(악기) 소리가 날 것이네.(卿試擲地, 當作金石聲.)"라고 말하였다. 그가 처음에는 믿지 않다가 펼쳐서 읽어보고는 저절로 감탄이 흘러나왔다고 한다. 본래 척지금성擲地金聲을 성구로 쓰지만 척지擲地, 척금擲金, 척금성擲金聲 등으로 줄여서도 쓴다.

96 30년까지 기다릴 필요가 없다는 뜻. 앞에서 서 있던 자리를 바꾸었듯이

이 말했다. "개 주둥이 닥쳐라!"

후대에 남당 원정南堂元靜 선사가 이 공안을 제기하고 말했다. "코끼리가 하품하고 사자가 포효하는구나. 바닥에 잔뜩 웅크리고는 허공을 타고 오를 기세요, 북두성 위치 바꾸어 별자리 옮기는 솜씨로다. 혀에 눌러앉으니 개 주둥이를 닫는구나. 한 번 바닥에 던지자 금석의 소리가 울리고, 굽이굽이 황하는 밑바닥까지 맑아졌구나."

又香嚴仰山侍立次, 師擧手云, "如今恁麽者少, 不恁麽者多." 香嚴, 從東過西立 ; 仰山, 從西過東立. 師云, "這個因緣, 三十年後, 如金擲地相似.[1]" 仰山云, "亦須是和尙提唱." 香嚴云, "卽今亦不少." 師云, "合取狗口!" 後來南堂靜禪師, 擧此話云, "象王嚬呻, 師子哮吼. 踞地盤空, 移星換斗. 坐斷舌頭, 合取狗口. 一回擲地作金聲, 九曲黃河徹底淸."

1) 역 연인본에는 '似'가 '佀'로 되어 있으나, '似'가 옳다.

③ 논거[97]

앙산이 한 말과 반대편에서 말했다. 그러나 이 말 또한 항상 바뀔 가능성을 열어 두고 있는 임시 설정이다.

97 『景德傳燈錄』 권9(T51, 265c21), 『五燈會元』 권9(X80, 187b4), 『潙山語錄』(T47, 581b13).

어떤 학인이 위산에게 물었다. "위산의 삿갓 하나를 만들어 쓰지 않고서는 막요촌莫傜村[98]에 도달할 길이 없다고 하는데, 위산의 삿갓 하나란 무엇입니까?" 위산이 "가까이 오라!"고 불렀다. 그 학인이 가까이 다가서자 위산이 한 발 내질러 버렸다.

又有僧問, "不作潙山一頂笠, 無緣得到莫傜村, 如何是潙山一頂笠?" 師喚云, "近前來!" 僧近前, 師與一踏.

④ 논거[99]

범승梵僧이 허공에서 내려오는 모습을 보고 앙산이 물었다. "어디에서 옵니까?" "서천에서 옵니다." "언제 그곳을 떠났습니까?" "오늘 아침입니다."[100] "신통한 유희가 없지는 않지만 아사리의 불법은 반드시 나에게 돌려주어야 할 것입니다." "특별히 문수보살에게 예배를 드리러 동토에 왔다가 뜻밖에

98 막요촌莫傜村 : 『祖庭事苑』 권1(X64, 326b6), "막요墺窰 : 본래 막요莫傜라 한다. 지명이다. 지금의 위산탑장潙山塔莊이 그것이다.(墺窰 : 本作莫傜. 地名. 今潙山塔莊, 是矣.)"

99 『五燈會元』 권9(X80, 189c2), 『仰山語錄』(T47, 586a22).

100 이 다음에 "'어찌 이다지 늦었습니까?' '산에서 노닐고 물놀이도 하느라 그렇게 되었습니다.'(師云, '何太遲生?' 云, '遊山翫水.')"라는 문답이 생략되었다.

소석가小釋迦를 만났군요." 그 범승이 범어로 쓰인 경전을 꺼내어 앙산에게 주고 절을 올린 뒤 허공으로 올라가 떠났다. 이 일이 있은 뒤로 앙산은 소석가라 불리었다.

又仰山見一梵僧, 從空而至, 師問曰, "近離甚處?" 曰, "西天." "幾時離彼?" 曰, "今早." 師曰, "神通遊戲則不無, 闍黎佛法, 須還老僧是[1)]得." 僧云, "特來東土禮文殊, 却遇小釋迦." 卽出梵書貝多葉, 與師作禮, 乘空而去. 自此號小釋迦.

1) 역 '是'는 '始'의 오자이다.

⑤ 논거[101]

어느 날 앙산이 법당에 앉아 있다가 밖에서 찾아온 학인 하나를 보았다. 그는 인사를 마치고 동쪽에서 차수叉手하고 서서 앙산을 지켜보았다. 앙산이 왼발을 늘어뜨리자 학인이 이번에는 서쪽으로 가서 차수하고 서 있었다. 앙산이 오른발을 늘어뜨리자 학인이 중간에서 차수하고 서 있었다. 앙산이 두 발을 거두자 학인이 절을 올렸다. 앙산이 "이곳에 머문 뒤로 한 사람도 때린 적이 없었건만."이라고 하더니 주장자를 들고 때리자 그 학인은 허공으로 올라가 떠났다.

101 『五燈會元』 권9(X80, 190a7), 『仰山語錄』(T47, 586c12).

又一日師, 在法堂上坐, 見一僧從外來. 問訊了, 向東邊叉手立, 目視師. 師乃垂下左足, 僧却過西邊叉手立. 師垂下右足, 僧向中間叉手立. 師收雙足, 僧禮拜. 師云, "自住此, 未曾打著一人." 拈拄杖便打, 僧便騰空而去.

⑥ 초의의 변증

이상의 몇 칙에서 이들이 마음껏 써먹은 내용을 자세히 살펴보라. 위산과 앙산 부자[102]가 기와 용을 얻었는가, 기와 용을 얻지 못했는가? 향상의 종지를 밝혔는가, 향상의 종지를 밝히지 못했는가? 안목을 갖추었다면 스스로 증명할 수 있을 것이다.

如上數則受用處, 看點將來. 潙仰父子, 爲得機用, 未得機用? 爲明向上, 未明向上? 具眼底, 自可證明.

마조馬祖가 내지른 한 번의 할에 백장百丈은 귀가 멀었고 황벽黃蘗은 자신도 모르게 혀를 내둘렀다.[103] 두 선사가 각각 기

102 위산과 앙산 부자 : 위산과 앙산의 사제관계는 세속의 부자관계처럼 친밀했기 때문에 '위앙부자潙仰父子'라 부른다.

103 다음의 이야기를 가리킨다. 『碧巖錄』 11則 「評唱」(T48, 151c2), "백장이 드디어 마조를 다시 찾아가 법을 물은 인연에 대해 말했다. '마조께서 내가 오는 것을 보고 불자를 꼿꼿이 세우기에 내가 「이것 그대로의

機와 용用을 얻었다는 평가는 앙산이 처음으로 한 말인데,[104] 고금과 천하에 한 사람이라도 그 말을 인정하지 않는 자가 있는가? 만일 앙산 스스로 기와 용을 얻지 못했다면 어떻게 남들이 그것을 얻었는지 얻지 못했는지 알 수 있겠는가?

馬祖一喝, 百丈耳聾, 黃蘗吐舌. 二師之得機用, 仰山始言之, 古今天下有一人不然其言者乎? 若自未得機用, 安知人之得與不得乎?

작용입니까? 이것을 떠난 작용입니까?」라고 물었다. 마조께서 불자를 선상의 모서리에 걸쳐 놓고 잠자코 있다가 내게 「너는 다음에 입술을 나불거리며 어떻게 남들을 가르치겠는가?」라고 물었다. 내가 그 불자를 가져다 꼿꼿이 세우자 마조께서 「이것 그대로의 작용인가? 이것을 떠난 작용인가?」라고 물었다. 내가 불자를 가져다가 선상의 모서리에 걸쳐 놓자 마조께서 위엄 있게 할을 한 번 내질렀는데 나는 당시에 사흘 동안 귀가 먹어 버렸다.' 이 일화를 들은 황벽은 자신도 모르게 온몸이 오싹해짐을 느끼며 혀를 내둘렀다.(丈遂擧再參馬祖因緣, '祖見我來, 便竪起拂子, 我問云, 「卽此用? 離此用?」 祖遂掛拂子於禪床角, 良久, 祖却問我, 「汝已後鼓兩片皮, 如何爲人?」 我取拂子竪起, 祖云, 「卽此用? 離此用?」 我將拂子掛禪床角, 祖振威一喝, 我當時直得三日耳聾.' 黃檗不覺悚然吐舌.)"

104 마조의 할로 백장은 대기大機를 얻었고 황벽은 대용大用을 얻었다는 앙산의 평가. 각주 47) 참조.

(2) 위앙종의 선기禪機

① 논거

이보다 앞서 위산이 향엄 지한香嚴智閑의 격죽송擊竹頌[105]을 듣고는 "이 사람은 환히 깨우쳤구나."라고 말했다. 앙산이 그에게 가서 깨달은 경계를 점검하자 향엄은 '지난해의 가난은 가난이 아니었다'[106]는 게송을 바쳤다. 이것을 들은 앙산이 "여래선如來禪은 지한 사제가 이해했다고 인정하겠다. 그러나 조사선은 꿈에도 알지 못했다."라고 평가했고, 향엄이 다시 "나에게 하나의 기틀이 있으니, 눈을 깜박거려 그것을 보이노라. 이 뜻을 알아차리지 못하는 자가 있다면, 특별히 그를 사미沙彌[107]라고 부르리라."는 게송을 바치자 이를 듣고 앙산이

---

105 격죽송擊竹頌 : 향엄이 풀을 베다가 대나무에 돌조각 부딪치는 소리를 듣고 깨우친 뒤 지은 게송. 『景德傳燈錄』 권11 「香嚴智閑傳」(T51, 284a14), "부딪치는 한 소리 듣고 알음알이 모두 잊었으니, 더 이상 닦고 고칠 필요 없다네. 활발히 움직이면서 옛 성인이 걸은 길 드러낼 뿐, 고요한 기틀에는 떨어지지 않노라.(一擊忘所知, 更不假修治. 動容揚古路, 不墮悄然機.)"

106 『景德傳燈錄』 권11 「仰山慧寂傳」(T51, 283b3), "지난해의 가난은 가난이 아니요, 올해의 가난이 진실로 가난이라네. 지난해에는 송곳 꽂을 땅이 없었지만, 올해는 송곳조차도 없구나.(去年貧未是貧, 今年貧始是貧. 去年無卓錐之地, 今年錐也無.)"

107 사미沙彌 : 7세 이상 20세 미만으로서 출가하여 십계十戒를 받았지만 아직 구족계具足戒를 받지 못하여 정식으로 비구比丘가 되지 못한 남자. 여기서는 아직 불도에 입문하지도 못한 사람이라는 뜻이다.

위산에게 이렇게 알렸다. "기쁩니다! 지한 사제가 조사선을 이해했습니다."

先是, 潙山聞香嚴擊竹頌曰, "此子徹也." 仰山往勘所悟, 香嚴呈, '去年貧未是貧'之頌, 仰山曰, "如來禪, 許閑師弟會; 祖師禪, 未夢見在." 香嚴又呈頌曰, "我有一機, 瞬目視伊. 若人不會, 別喚沙彌." 於是仰山報潙山云, "且喜! 閒師[1)]弟會祖禪師.[2)]"

1) ㉠ 연인본에는 '且喜閒師'가 '擧看仰山'으로 되어 있다. 2) ㉠ '祖禪師'는 '祖師禪'의 잘못이다.

② 초의의 변증

위앙종에 진실로 조사선이 없다면 이 두 존숙들은 어떻게 이와 같이 마음껏 (조사의 선기를) 나타낼 수 있었겠는가?

潙仰宗中, 果無祖師禪, 此二尊宿, 何以如此弄現耶?

법안이 "만일 모든 상을 상이 아니라고 보면 여래의 뜻을 알지 못할 것이다."라고 한 말이 바로 조사선이다.[108] 이로써

108 『金剛經』의 구절 자체는 여래선이고, 그와 정반대로 판단한 법안의 말은 조사선이다. 이 평가는 굉지 정각宏智正覺이 내린 것이며, 법안 자

보건대 법안도 조사선을 언급했던 것이다. 그런데 백파는 "법안종은 다만 '모든 것이 마음일 뿐이다'라는 이치만 밝혔으니 용用을 거두어 체體로 돌아갈 뿐이고 또한 여래선을 알기만 할 뿐 위앙종에는 미치지 못한다."고 하였다.

又法眼云, "若見諸相非相, 則不見如來"者, 是祖師禪. 是則法眼, 亦曾說言祖師禪. 今言, "法眼, 但明唯心, 而攝用歸體故, 亦但知如來禪, 而未及於潙仰宗."

이와 같은 갖가지 주장은 어떤 사람에게 배운 것이며 누가 전수한 것인가? 아니면 스스로 증득한 심인心印에서 흘러나온 결과인가? 이것이 어떤 이론에 해당되는 것일까? 두 가지 선禪을 다섯 종파에 짝짓는 방법에 무슨 뛰어나거나 좋은 도리가 있다고 이처럼 시시콜콜 따지고 파고드는가? 설령 약간 이해한 지식으로 어떤 소득이 있더라도 마땅히 전통적인 근거에 비추어 돌이켜 보고 그것과 빈틈없이 들어맞기를 바라야 한다.

그런데 반대로 이렇게 하지 않고서 매번 자신의 견해를 별

신이 조사선이라 하지는 않았다. 『宏智廣錄』 권3(T48, 28c26). 각주 15) 참조.

도로 세워서 기발한 측면을 특별히 드러내 보인다거나 원만히 융합하여 어떤 장애도 없는 경계에서 층차와 마디를 펼치거나 구멍을 뚫는 격이다. 혹은 한 줄 안에 층차와 마디를 겹겹이 포개어 놓거나 몇 구절 사이에 구멍을 송송 뚫어 버리는 꼴이다.

살·활과 기·용이라는 글자를 가지고 구절이란 구절은 그것에 갖다 붙이지 않는 것이 없고, 조·용이 같다거나 같지 않다는 틀로써 구멍의 종류에 상관없이 받아들이지 않는 것이 없는 식으로 써먹다가 마침내 모난 것과 둥근 것이 합치하지 않고 굽은 것과 곧은 것이 서로 어긋나는 지경이 되었다.

흩어지고는 끝내 잘린 마디를 붙이지 못했고, 갈라지고는 결국 다시 구멍이 뚫렸다. 이에 (교종) 법문의 온전한 본체는 모두 부스럼의 흉터가 되었고, 선종의 도가 펼치는 활발한 작용은 모조리 죽음의 문에 예속되었다. 비유하자면 꿰맨 흔적이 전혀 없는 한 벌의 천의天衣[109]가 기운 자국투성이의 냄새

---

109 천의무봉天衣無縫 : 신선 또는 천인天人이 입는 옷은 바느질로 꿰맨 흔적이 전혀 없다는 말. 완결되어 결점이 없는 문장이나 사물 등을 가리킨다. "때마침 불어온 맑은 바람에 차츰 느껴지던 향기가 점차 짙어졌다. 곽한郭翰이 매우 이상타 여기고 허공을 올려다보니 어떤 사람이 둥실둥실 아래로 내려오는 모습이 보였다. 그 사람이 곽한 앞에 이르러 보았더니 소녀였다.…… 찬찬히 그 옷을 살펴보니 꿰맨 흔적이 없었다. 곽한이 그 까닭을 묻자 '천의는 본디 바늘과 실로 만들지 않습니다'라고 말했다.(『靈怪錄』「郭翰」. 時有淸風, 稍聞香氣漸濃. 翰甚怪之, 仰

나는 누더기 적삼으로 변한 것과 같다.

이 때문에 영명한 지혜를 가진 학인들조차 이러한 갈등[110]의 소굴에 한번 나자빠져 버리면 결국 가시나무 밭에서 빠져나오지 못하여 좌로 얽히고설키고 우로 휘감겨 살은 문드러지고 무릎까지 빠지며, 앞에 쌓이고 뒤에서 덮쳐 오는 뒤엉킨 마른 덩굴더미에 머리끝까지 덮이는 지경이 되리라. 창이蒼耳나 질려蒺藜[111]가 밟혀 모두 발을 찌르고, 녹상鹿床과 오훼烏喙[112]를 삼켜 창자를 썩게 만드는 꼴이다. 신령한 구멍[113]은 점차로 막히고 지혜로운 식識은 통하지 않으니, 어찌 대단히 슬프고 안타까운 일이 아닌가!

視空中, 見有人冉冉而下. 直至翰前, 乃一少女也. …… 徐視其衣幷無縫. 翰問之, 謂翰曰, '天衣本非針線爲也.')"

110 갈등葛藤 : 칡넝쿨과 같이 복잡하게 뒤얽힌 말. 언어 자체의 본질이 복잡한 분별과 관념을 산출하기에 이 특징을 잡아서 '갈등'이라 한다. 여기서는 백파가 설정한 갖가지 문자의 틀을 가리킨다.

111 창이蒼耳나 질려蒺藜 : 모두 가시를 대표하는 풀의 일종. 창이는 도꼬마리라고도 하는데, 전체에 거친 털이 많이 나 있고 잎 가장자리에 거친 톱니가 있다. 열매는 수과瘦果로 갈고리 모양의 가시와 짧은 털이 있다. 질려는 매우 날카롭게 생겼고 씨앗에 가시가 있으며 모양이 마름쇠 같아서 이것이 무성하게 자란 곳을 다닐 때는 나막신을 신고 다녔다고 한다.

112 녹상鹿床과 오훼烏喙 : 오훼는 부자附子의 다른 이름. 초오草烏·오두烏頭라고도 한다. 녹상과 함께 독약의 일종. 모두 쓸데없이 조작하는 말을 비유한다.

113 신령한 구멍(靈竅) : 지혜로운 마음.

如此諸說, 從何人學得來, 誰之所傳? 抑復自證之心印上所流出耶? 蓋是當何之言也? 大抵以二禪配五宗, 有何勝善好道理, 如此委曲穿鑿耶? 縱使一知半解, 如有所得, 但當照古而反照之, 希令密契而已. 反此不爲, 每欲別立己見, 特逞神奇, 於混圓無碍之中, 鑿開層節, 穿生孔竅. 或於一行之內, 層節重重, 數句之間, 孔竅疊疊. 將殺活機用字, 無節而不貼 ; 以照用同不同, 無竅而不納, 終以方圓不合, 曲直相背. 散落而終不粘節, 離披而竟還脫竅. 於是, 法門之全體, 都成瘡瘢 ; 禪道之活用, 摠屬死門. 譬如一領之天衣無縫, 變作百結之鶉臭破衫. 於是, 好個[114]靈慧之學者, 一被靠倒於葛藤之窠, 竟難回轉於荊棘之場, 左縈右纒, 陳爛沒滕[1)] ; 前堆後積, 榼榼齊身. 蒼耳蒺藜罥之, 皆能刺足 ; 鹿床烏喙呑之, 便可腐腸. 靈竅漸塞, 慧識難通, 豈不大可傷惜也哉!

1) ㊐ '滕'은 '膝'의 오자이다.

2) 전기대용全機大用의 진정한 의미

부처님과 조사들이 남긴 언구로서 이렇게 온전한 기틀(全

114 호개好個 : 명사 앞에 붙는 관용적인 지시어. '어떤', '하나의' 정도를 뜻하지만 우리말에서 번역에 드러내면 대부분 어울리지 않는다. 훌륭하다, 좋다 등의 뜻은 아니다.

機)을 남김없이 발휘하는 작용(大用)에 따라 교敎가 되기도 하고 선禪이 되기도 하지 않은 것은 없다. 교학의 경전 십이부[115]와 공안 1,700칙[116] 중에서 기機와 용用을 떠나서 독립한 글자는 하나도 없다. 만일 수많은 장구章句 안에서 숨거나 드러난 표면적 사실만을 따라 유·무 어느 한편에 확고하게 집착한다면 이는 문구에 걸려서 그 뜻을 잃어버린 예가 된다.【여기서 고칙을 하나의 증거로 인용하지 않을 수 없다.】

大凡佛祖之所留言句, 莫不由此全機大用, 而爲敎爲禪. 敎乘之十二部, 公案之千七百, 未有一字, 離機用而獨立者. 若只向許多章句之內, 隨隱現而執定有無, 是滯於文而迷失其義者也.【於此未免引古一證.】

① 논거[117]

옛날에 용아龍牙 선사가 임제臨濟에게 물었다. "달마 대사가

115 십이부 : 경전 전체. 서술 형식과 내용에 따라 12종류로 나눈 것. 계경契經·응송應頌·기별記別·풍송諷頌·자설自說·인연因緣·비유譬喩·본사本事·본생本生·방광方廣·희법希法·논의論議 등이다.

116 공안 1,700칙 : 공안 전체. 일반적으로 대표적인 전등록인 『景德傳燈錄』에 1,701명의 인물들이 보여 준 기연어구機緣語句를 수록하고 있는 것에서 유래한 말로 본다.

117 『臨濟錄』(T47, 504b3), 『景德傳燈錄』 권17 「龍牙傳」(T51, 337b28).

서쪽에서 온 뜻[118]은 무엇입니까?" "나에게 선판禪板을 건네 다오." 용아가 선판을 임제에게 건네주자 임제는 받아들자마자 때렸다. 용아가 말했다. "때리시려면 마음대로 때리십시오. 문제는 달마 대사의 뜻은 없다는 것입니다."

용아가 다시 취미翠微에게 물었다. "달마 대사가 서쪽에서 온 뜻은 무엇입니까?" "나에게 포단을 건네 다오." 용아가 포단을 취미에게 건네주자 취미는 받아들자마자 때렸다. 용아가 말했다. "때리시려면 마음대로 때리십시오. 문제는 달마 대사의 뜻은 없다는 것입니다."

용아가 한 절의 주지가 된 다음에 어떤 학인이 방장실에 들어와 더욱 자세한 가르침을 청하며[119] 물었다. "화상께서 행각[120]

---

118 조사서래의祖師西來意 : '선종의 종지'를 나타내는 대표적인 말.

119 청익請益 : 법문을 익히 들었지만 더욱 향상된 가르침을 받고자 방장실로 들어오거나 그 밖의 개별적인 통로로 다시 질문을 청하는 것. 『禮記』「曲禮」 권상에 "스승에게 수업을 청할 때는 일어나서 해야 하고, 더욱 설명해 주기를 청할 때도 일어나서 한다.(請業則起, 請益則起.)"라는 구절에서 유래한다.

120 행각行脚 : 일정한 곳에 정착하지 않고 선지식과 도를 찾아 돌아다니며 수행한다는 말. 『祖庭事苑』 권8(X64, 432c19), "행각 : 행각이란 살던 곳에서 멀리 떠나 세상을 돌아다니며 인정도 벗어나고 속박도 내던지고서 스승과 벗을 찾아다니며 법을 구하여 깨닫는 것이다. 그런 이유로 배움에 특별히 정해진 스승을 두지 않고 두루 찾아 돌아다니는 것을 최선으로 여긴다. 선재동자善財童子가 남쪽으로 선지식을 찾아다녔던 것이나 상제보살常啼菩薩이 동쪽으로 법을 배우러 다녔던 것이 모두 옛 성인들의 구법 활동이다. 영가 현각永嘉玄覺이 강과 바다

하실 때 두 존숙에게 법을 물었던 인연에서 그분들의 언행을 수긍하십니까?" "수긍하기는 깊이 수긍한다. 문제는 달마 대사의 뜻은 없다는 것이다."

昔者, 龍牙禪師問臨濟, "如何是祖師[1]西來意?" 臨濟云, "與我過禪板來." 龍牙便過禪板與臨濟, 濟接得便打. 龍牙云, "打則任打. 要且, 無祖師意." 又問翠微, "如何是祖師西來意?" 翠微云, "與我過蒲團來." 龍牙便過蒲團與翠微, 微接得便打. 龍牙云, "打則任打. 要且, 無祖師意." 及龍牙住院後, 有僧入室請益云, "和尙行脚時, 參二尊宿因緣, 還肯他也無?" 龍牙云, "肯則深肯. 要且, 無祖師意."

1) ㉠ 연인본에는 '師'가 '祖'로 되어 있으나, '師'가 옳다.

② 논거

남전南泉이 암자에 살 때에 어떤 사미가 법을 물으러 찾아왔다. 남전이 그에게 말했다. "나는 산에 올라가 일을 할 터이니 그대는 여기 머물다가 밥을 지어 먹고 일부는 나에게 보내

를 건너고(游) 산천을 돌아다니며(涉) 스승을 찾아 도를 묻고 참선했던 일이 어찌 그런 이유가 아니었겠는가!(行脚 : 行脚者, 謂遠離鄕曲, 脚行天下, 脫情捐累, 尋訪師友, 求法證悟也. 所以學無常師, 遍歷爲尙. 善財南求, 常啼東請, 蓋先聖之求法也. 永嘉, 所謂游江海涉山川, 尋師訪道爲參禪, 豈不然邪!)"

라.” 시간이 지나서도 오지 않아 남전이 암자로 돌아와 보니 그 사미는 밥을 해서 혼자 다 먹어 치우고 취사도구는 부수어 버린 채 평상에 한가로이 누워 있었다. 남전이 그 곁에 나란히 눕자 사미가 보더니 곧바로 일어나 뒤도 돌아보지 않고 가 버렸다.

남전이 그 뒤 주지가 되고서 이 이야기를 제기하고 대중에게 말했다. “나는 그때 이후로는 더 이상 이와 같이 영리한 사람은 만나지 못했다.”[121]

又南泉住庵時, 有沙彌來參. 泉云, “我登山作務去, 你留此炊飯喫, 與我將一分來.” 過時不來, 泉回庵視之, 僧做飯自喫了, 打破家具, 高臥床上. 泉從傍共臥, 沙彌視之, 便起行不顧. 泉後住院, 擧此謂衆曰, “我從彼已來, 更不逢如此伶利漢.”

③ 논거[122]

마조馬祖에게 무업無業이 물었다. “달마 대사가 서쪽으로부

---

121 남전의 이 말에 대하여『禪門拈頌說話』228則(H5, 226c)에서 오조 사계五祖師戒는 “이 또한 가난한 사람이 오래 묵은 빚 때문에 괴로워하는 꼴이다.(五祖戒云, ‘也是貧兒思舊債.’)”라고 평가했다. 사미는 어떤 자취도 남기지 않고 훌쩍 떠나 버렸지만, 남전은 여전히 그에 대한 일말의 생각이 남아 있다는 평가이다.

122『景德傳燈錄』권8「無業傳」(T51, 257a12).

터 와서 직접 전한 심인心印이란 어떤 것입니까?" "매우 귀찮게 구는구나. 그만 갔다가 다른 때 오라!" 무업의 한 발이 문턱을 넘어서려는 순간, 마조가 "대덕이여!"라고 부름에 무업이 고개를 돌리자 마조가 말했다. "이것은 무엇인가?" 무업이 그 말에 크게 깨달았다.

又馬祖, 因無業國師問, "如何是祖師西來, 密傳心印?" 祖曰, "正鬧在. 且去別時來!" 業一足纔跨門, 祖曰, "大德!" 却便回顧, 祖曰, "是什麽?" 業大悟.

④ 초의의 변증

마조 대사가 무업을 대하는 방식을 보면 지극히 간명하게 핵심을 움켜잡았다. 거기에는 후세인들이 방棒을 휘두르거나 할喝을 내지르고, 밟거나 후려치는 따위의 역겨운 냄새를 풍기는 짓거리란 조금도 없었다. 무업 국사無業國師가 고스란히 알아차린 방식 또한 매우 빨랐다. 두 존숙에게 법을 물었던 용아는 결코 깊이 수긍하는 마음에 막혀 있지 않았다. 뿌리박은 터에서 몸을 빼내어 일정하게 주어진 법도(範圍) 밖으로 벗어났던 그가 어찌 그물을 뚫고 나온 황금잉어[123]가 아니겠는

123 투망금린透網金鱗 : 모든 격식과 법도에서 자유로운 납자를 비유한

가!

(그러하기는 하나) 가장 우뚝하고 고결한 자태로 만물 밖으로 훌쩍 넘어선 자[124]는 남전의 암자에 왔던 사미이다. 그를 보자 하니, 편안하고 고요하게 처음부터 끝까지 약간의 무기

다. 『禪門拈頌說話』 790則(H5, 589a), "삼성이 설봉에게 물었다. '그물을 뚫고 달아난 황금빛 잉어는 무엇을 먹이로 삼습니까?' '그대가 그물을 뚫고 나오는 그 순간 바로 말해 주겠다.' '천오백 학인을 이끄는 선지식께서 이야기의 핵심도 알아듣지 못하시는군요.' '노승은 주지 소임이 번거롭다.'(雪峯, 因三聖問, '透網金鱗, 未審以何爲食?' 師云, '待汝出網來, 卽向汝道.' 聖云, '一千五百人善知識, 話頭也不識.' 師云, '老僧住持事煩.')" 『碧巖錄』 49則 「頌」(T48, 185a13), "견고한 그물을 뚫고 나간 황금 잉어로다!【천 명의 병사를 얻기는 쉽지만 뛰어난 장수 한 명을 구하기는 어렵다. 그 장수는 어떤 인물일까? 천 명의 성인이라도 그를 어떻게 하지 못하리라.】(透網金鱗!【千兵易得, 一將難求. 何似生? 千聖不奈何.】)"

124 독초물외자獨超物外者 : '독獨'이란 어디에도 의존하지 않고 자유롭다는 뜻을 나타내며, 만물 그 어디에도 속박되지 않고 훌쩍 벗어난 자유로운 경계를 말한다. 이 말은 본래 남전이 마조로부터 받았던 칭송에서 유래한다. 한때 마조는 남전의 경계가 지장이나 백장 등 다른 두 제자보다 높다고 평가한 적이 있다. 『馬祖語錄』(X69, 3c2), "서당 지장西堂智藏과 백장 회해百丈懷海와 남전 보원南泉普願이 마조를 시봉하며 달맞이를 할 때 마조가 물었다. '바로 이럴 때는 무엇을 해야 할까?' 서당이 '공양하기 좋을 때입니다'라고 하였고, 백장은 '수행하는 것이 좋을 것 같습니다'라고 대답했는데, 남전은 옷소매를 털고서 자리를 떠났다. 마조가 말했다. '경전은 지장에게 들어가고 선禪은 회해에게로 돌아가지만, 오직 보원만이 만물 밖으로 훌쩍 벗어났구나.'(西堂·百丈·南泉, 侍祖翫月次, 祖曰, '正恁麽時如何?' 西堂云, '正好供養.' 百丈云, '正好修行.' 南泉拂袖便去. 祖云, '經入藏, 禪歸海, 唯有普願, 獨超物外.')"

도 쓰지 않고 여유롭게 눈앞의 현실에서 딱 들어맞는 방식으로 남전을 우롱하였다. 남전의 고명한 안목으로도 처음에는 그의 진면목을 알아채지 못했다가 떠난 뒤에 비로소 알게 되었다. 사미가 어찌 사미였겠는가! 틀림없이 사미의 몸으로 나타나 시험하러 왔던 달마였던 것이다.

看馬師接無業, 極甚簡要, 無復後世人棒喝·踏摑, 惡氣態半點. 業師之領荷, 亦甚徑捷矣. 龍牙之參二尊宿, 終不滯在深肯裡. 栥[1]根抽身, 超逸於範圍之外, 豈非透綱[2]金鱗! 最所介潔而獨超物外者, 到南泉之沙彌也. 看他閑閑靖靖地, 始終不施些些戈甲, 緩緩於實頭上, 恰恰鼓弄南泉. 以南泉之高明, 初未領略, 始得知之於起行之後. 沙彌豈沙彌! 應是達摩現身來試也.

1) ㊇ '栥'는 '㮓'와 통한다. 2) ㊄ '綱'은 '網'인 듯하다.

이것이 바로 옛사람들이 온전한 기틀을 남김없이 활용하는 경계에서 한없이 무젖어 노닐었던 까닭이다. 마치 용이 바다에 숨어 있고 붕새가 드넓은 하늘을 운행하는 자태와 같으니, 상황에 들어맞게 격외格外의 도리를 마음껏 희롱하는 본보기이다. 이 안에서 언제 기용機用이라는 글자의 흔적인들 나타내 보인 적이 있는가! 뚜렷하게 드러내는 그 작용으로 또한 은밀하게 숨기도 하니, 이것은 옛사람이 요즘 사람들보다 훨씬 뛰어난 이유이기도 하다.

此乃古人, 所以涵瀁遊逸, 於全機大用之中. 如龍潛大海, 鵬運長空, 隨宜拈弄於格外之榜樣也. 這裏, 曷嘗見著機用字之影跡! 以能堂堂[1)]顯露, 猶復密密隱潛, 此古人所以大過於今人處.

1) 역 연인본에는 '堂堂'이 '當當'으로 되어 있으나, '堂堂'이 옳다.

3) 방할棒喝로 펼쳐 보인 인연

고덕은 '어떤 학인이 「육조는 스스로 살피고 스스로 깨끗하게 했다」는 소리를 듣고 그 자리에서 깨우쳤다'는 것에 대하여 이렇게 평가했다. "자세히 점검해 보면 설령 스스로 살피고 스스로 깨끗하게 했더라도 여전히 망상이 완전히 끊어진 상태는 아니다."[125]

古德, 因僧聞六祖自看自淨, 言下有悟, 曰, "仔細點檢將來, 直饒自看自淨, 也未勦絶在."

125 이상의 내용은 전거 미상.

① 인연

원오圜悟 화상은 외도가 부처님께 물었던 인연[126]을 제기하고 이렇게 평가했다. “산승의 견해대로 한다면 그 외도가 ‘말이 있는 것도 묻지 않고 말이 없는 것도 묻지 않겠습니다’라고 하는 소리를 듣자마자 곧바로 때려 줄 것이다.”[127]

圓悟和尙, 擧外道問佛因緣云, “若據山僧見處, 待他道, ‘不問有言, 不問無言.’ 和聲便打.”

② 인연

원오는 또한 백장이 마조에게 법을 물으러 다시 찾아갔을 때의 인연[128]을 제기한 다음 불자拂子를 꼿꼿이 세우고 말했다. “누군가 ‘이것 그대로의 작용인가, 이것을 떠난 작용인

126 외도가 세존께 물었다. “말이 있는 것도 묻지 않고, 말이 없는 것에 대해서도 묻지 않겠습니다.” 세존께서 아무 말 없이 계시자 외도가 “세존께서 대자대비하신 가르침으로 저에게서 미혹의 구름을 걷어 주시고 저로 하여금 깨닫도록 하셨습니다.”라고 찬탄하였다. 외도가 떠난 다음 아난이 부처님께 여쭈었다. “외도는 무엇을 증득하였기에 깨달았다고 말한 것입니까?” 세존께서 말씀하였다. “세상의 뛰어난 말은 채찍 그림자만 보고도 달리는 것과 같다.” 『景德傳燈錄』 권27 「諸方雜擧徵拈代別語」(T51, 434c6) 또는 『禪門拈頌說話』 16則 참조.

127 위의 책 및 『圜悟語錄』 권17(T47, 793a3).

128 각주 103) 참조.

가?'라고 묻는다면, 말이 끝나기도 전에 때리고 곧이어 한 소리 크게 내지르리라." 다시 말했다. "마조와 백장의 경계를 보았는가?"

又擧, 百丈再參馬祖因緣, 擧起拂子云, "或有人問, '卽此用, 離此用?' 和聲便打, 隨後而喝." 復云, "還見馬祖百丈麼?"

③ 인연[129]

어떤 학인이 방장실에 들어와 운봉 문열雲峯文悅 화상에게 '모든 법은 하나로 돌아가는데 그 하나는 어디로 돌아갑니까?'라고 누군가 조주趙州에게 던진 질문을 제기하자마자 운봉은 할을 내질렀고 그 학인은 멍해졌다. 운봉은 "조주가 뭐라고 했다고?"라고 되묻고 그 학인이 머뭇거리자 불자로 곧바로 때렸다.

雲峯說[1)]和尙, 因僧入室, 擧[2)]問趙州, '萬法歸一, 一歸何所?' 說便喝, 僧茫然. 說問, "趙州, 道什麼?" 僧擬議, 說以拂子驀口打.

1) ㉰ '說'은 '悅'의 오자. 이하도 마찬가지이다. 2) ㉰ '擧' 뒤에 '僧'이 생략되었다.

129 『雲峰文悅語錄』 古尊宿語錄41(X68, 269a2).

④ 인연[130]

남전南泉 · 노조魯祖 · 삼산杉山 · 귀종歸宗 등 네 사람이 마조의 처소를 떠나 각자 머물 암자를 모색하고자 도중에 서로 헤어지려는데 남전이 주장자를 땅에 꽂고 말했다. "제대로 말을 하더라도 이것에 가로막힐 것이요, 제대로 말을 하지 못하더라도 이것에 가로막힐 것이다."[131] 귀종이 주장자를 끌어다 남전을 한 방 때리고서 말했다. "바로 이것일 뿐인데, 왕노사王老師[132]는 가로막힌다느니 가로막히지 않는다느니 따지고 있으니 무슨 말인가?" 노조는 "바로 이 한 구절이 세상에 널리 퍼질 것이다."[133]라고 말했다.[134]

南泉 · 魯祖 · 衫[1)]山 · 歸宗四人, 離馬祖處, 各謀住庵, 於中路

---

130 『頌古聯珠通集』 권11(X65, 538b13), 『拈八方珠玉集』 권중(X67, 657a2).

131 모든 출구를 틀어막는 배촉관背觸關의 경계를 설정하여 도반들을 시험하고 있다.

132 왕노사王老師 : 남전 보원南泉普願(748~834)의 별명.

133 대원지大圓智는 이 구절에 대하여 "맛이 없는 이야기로 남들의 입을 틀어막았다.(無味之談塞人口.)"라고 평가했다. 『拈八方珠玉集』 참조. 노조의 그 말에 특별한 의미가 들어 있지 않다는 뜻이다.

134 공안이 생략되어 있다. 『拈八方珠玉集』(X67, 657a6)에 따르면 다음과 같다. "귀종이 '퍼뜨리지 못하는 구절도 있는가?'라고 반문하자 노조가 '있다'고 말했다. 귀종이 '어떤 것이 퍼뜨리지 못하는 구절인가?'라고 물음에 노조가 따귀를 때릴 자세를 취했다.(宗曰, '還有不播者麼?' 祖曰, '有.' 宗曰, '作麼生是不播者?' 祖作掌勢.)"

相別次, 南泉插下拄杖云, "道得, 破[2]者碍 ; 道不得, 破者不[3]礙." 宗拽拄杖, 打泉一下云, "也只是個, 王老師說什麼碍與不礙?" 魯祖云, "只此一句, 大播天下."

---

1) ㉧ '衫'은 '杉'의 오자이다. 2) ㉧ '破'는 '被'의 오자이다. 연인본의 '被'를 『한불전』에서 오식誤植하였다. 다음의 '破'도 같다. 3) ㉧ '不'은 오자이다. 연인본의 '個'가 바른 글자이다. '不'로 보면 선어禪語로서의 활력을 잃는다.

⑤ 인연[135]

암두岩頭가 덕산德山의 방장실 문턱에 걸쳐 선 채 물었다. '성스럽습니까, 범속합니까?' 덕산이 바로 할을 내지르자 암두가 절을 올렸다.[136]

岩頭, 才跨德山門, 便問, "是聖是凡?" 德山便喝, 岩頭禮拜.

---

135 『從容錄』 22則(T8, 241b16), 『聯燈會要』 권17(X79, 145c9), 『洞山語錄』(T47, 514c9).

136 천동 정각天童正覺은 다음과 같은 해설을 붙였다. 『從容錄』 22則 「評唱」(T48, 241b25), "이러한 질문을 가리켜 여러 선사들은 문에 걸쳐 선 기틀이라고 하는데, 처음부터 정말로 문턱에 걸쳐 서서 묻는 것은 아니다. 옛날에 어떤 외도가 손에 살아 있는 참새를 움켜쥐고 부처님께 물었다. '손 안의 참새가 살겠습니까, 죽겠습니까?' 부처님께서 발을 문턱에 걸치시고 되물으셨다. '그대가 대답해 보라. 내가 나가려고 하는가, 들어오려고 하는가?'(此問, 諸方謂之跨門之機, 未必當初眞跨門問來. 昔有外道, 手中藏活雀兒, 問世尊曰, '手中雀兒, 爲活爲死?' 世尊以足跨門云, '汝道. 吾欲出欲入?')"

⑥ 인연[137]

대혜 종고大慧宗杲 선사가 준박遵璞 선인에게 물었다. "삼성三聖과 흥화興化가 말을 꺼내거나 꺼내지 않는 방식으로 사람들에게 무엇인가 전해 주거나 전해 주지 않는다고 한 공안[138]에 대하여 (묻겠으니) 말해 보라! 이 두 노인네들의 말에 얽매인 몸에서 벗어날 통로가 있는가?" 준박이 대혜의 무릎을 주먹으로 한 대 치자 대혜가 말했다. "그대가 먹인 이 한 방의 주먹은 삼성의 막힌 숨통을 트여 준 것인가, 흥화의 막힌 숨

137 『大慧語錄』 권24(T47, 914a15).

138 흥화 존장興化存獎과 그 스승인 삼성 혜연三聖慧然이 서로 상반되게 제시한 공안으로 오조 법연五祖法演·원오 극근圜悟克勤·대혜 종고大慧宗杲로 이어지는 간화선에서 화두로 제기된다. 『五祖法演語錄』 권하(T47, 665b13), "법좌에 올라앉아, 흥화가 '나는 누군가를 만나면 속마음을 꺼내 보이지 않지만, 꺼내 보였다 하면 그들에게 무엇인가 전해 준다'고 말하자 삼성이 '나는 누군가를 만나면 속마음을 꺼내 보이지만, 꺼내 보여도 그들에게 아무것도 전해 주지 않는다'라고 한 문답을 제기하고 말했다. '이 두 분 스님 중에 한 스님은 문장文章을 넓고 아득하게 펼쳤고, 다른 한 스님은 무예武藝를 남김없이 보여 주었다. 만약 흥화의 관점이 옳다고 생각한다면 문文도 얻을 수 없고, 만약 삼성의 관점이 옳다고 생각한다면 무武도 얻을 수 없다. 이에 대하여 분별해 낼 수 있겠는가? 만일 분별해 낸다면 그대의 온몸이 법도라고 인정해 주겠지만, 만약 분별해 내지 못한다면 그대 스스로 제도하라.'(上堂, 擧, 興化云, '我逢人則不出, 出則便爲人.' 三聖道, '我逢人則出, 出則不爲人.' 師云, '此二古德, 一人文章浩渺, 一人武藝全施. 若道興化是, 文亦不得 ; 若道三聖是, 武亦不得. 還於此辨得出麽? 若辨得出, 許爾通身是命 ; 若辨不出, 爾自相度.')"

통을 트여 준 것인가? 말해 보라, 말해 보라!" 준박이 머뭇거리자 대혜가 등골이 쪼개질 정도로 한 방 때리고 말했다. "무엇보다 이 한 방을 잊어서는 안 된다."[139]

大慧杲禪師, 問遵璞禪人, "三聖興化, 出不出, 爲人不爲人,[1)] 且道! 者兩個老漢, 還有出[2)]身處也無?" 璞於師膝上打一拳, 師云, "汝者一拳, 爲三聖出氣, 爲興化出氣? 速道, 速道!" 璞擬議, 師便劈脊與一捧[3)]云, "第一不得忘了這一捧."

1) ㉮『大慧語錄』에 따르면 '人' 다음에 '話'가 더 들어가 있다. 2) ㉮ 연인본에는 '出'이 '士'로 되어 있으나, '出'이 옳다. 3) ㉮ '捧'은 '棒'의 오자이다. 이하도 마찬가지이다.

이상의 여섯 단락 인연(인연 ①~⑥)은 방을 휘두르거나 할을 내지르거나 하는 인연이다. 말해 보라! 궁극적으로 (그 방과 할은) 어디에 귀착되는가? 낱낱이 가려내 보라.

如上六段, 或捧或喝之因緣. 且道! 落在什麽處? 一一辨看.

139 대혜는 다른 곳에서 삼성의 말에 대해서는 "칼을 쓰지 않고 사람을 죽이는 격이다."라고 평가했고, 흥화의 말에 대해서는 "사람을 살리는 데 굳이 칼을 쓰겠느냐?"라는 반문으로 평가했다. 『大慧語錄』 권1(T47, 813a14), "問, '三聖道, 我逢人卽出, 出則不爲人, 意旨如何?' 師云, '殺人不用刀.' 進云, '興化道, 我逢人卽不出, 出則便爲人, 又作麽生?' 師云, '活人何必劍.'"

제2편

사변만어

– 네 가지 주제를 논함

제1장 이선래의변二禪來義辨[1]

1. 조사선과 여래선으로 나뉘게 된 유래

목우자牧牛子[2]는 "선문의 어구들은 다만 집착을 허물어 종지를 드러냄으로써 가장 빠른 길로 깨닫고자 힘쓸 뿐, 번잡한 말로 해설하거나 도리를 시설하여 아는 방법은 허용하지 않는다."[3]고 말했다. 옛사람도 "명수名數로 끌어들이면 미묘한 근본은 어긋나고, 말로 내뱉으면 진실한 종지는 숨어 버린다."[4]라고 하였으니, 언설에서 벗어나 홀로 깨달은 다음에

---

1 저본에는 '辨'자가 없으나, 네 가지 주제에 대한 변설(四辨)이라는 제목에 의거하여 역주자가 더하여 넣었다. 제3장의 '살활변'도 마찬가지이다.

2 목우자牧牛子 : 보조 국사普照國師 지눌知訥(1158~1210)의 호.

3 『圓頓成佛論』(H4, 728b)의 원문은 다음과 같다. "그러므로 선문에서는 다만 집착을 허물어 종지를 드러내는 일을 귀하게 여길 뿐, 번잡한 말과 도리를 시설하는 방법은 귀하게 여기지 않는다.(是以禪門, 只貴破執現宗, 不貴繁辭義理施設故.)"

4 앞에도 나온 구절. 전거는 제1편 「백파의 삼종선론 비판」 각주 29)·30) 참조.

야 진실한 종지를 전할 수 있고, 명수에서 벗어나 곧바로 받아들인 다음에야 미묘한 근본을 스스로 떠맡을 수 있는 것이다.[5]

청련목靑蓮目[6]으로 고상하게 깜박이는 눈빛과 자금색紫金色 얼굴[7]로 짓는 (부처님의) 미소에 대하여 무슨 이름과 언설을 혀를 놀려 묘사할 수 있겠는가! 명수와 언설이 있다면 그것은 교敎의 자취가 있음을 나타낸다. (교의 자취가 있다면) 교의 틀을 벗어나 별도의 방법으로 전하는 교외별전敎外別傳의 종지를 어찌 오늘날에 들을 수 있었겠는가!

이것이 인도로부터 중국에 이르기까지 33명의 조사들이 두 선禪의 이름을 언급하지 않았고 또한 그에 대하여 뜻을 풀어 주지도 않았던 까닭이다. 어찌 33명의 조사들만 그러하였겠는가! 남악 회양南岳懷讓과 청원 행사靑原行思 이하로 대단한

5 명수名數와 언설言說이라는 매개체를 거치지 않아야 종지나 근본에 들어맞는다는 취지.

6 청련목靑蓮目 : 부처님의 32상相 중 하나. 눈이 청련화靑蓮花처럼 감청색紺靑色을 띠는 것. 태어나는 생마다 일정한 덕을 쌓아서 성취하는 상이다. 『法乘義決定經』 권하(T17, 659b14), "언사가 능란하고 반듯하여 많은 사람의 마음을 기쁘게 하고 갖가지 세간에서 큰 자비를 행함으로써 모든 중생을 불쌍히 여기고 이익을 주었다. 이 때문에 감청색 눈과 소와 같은 속눈썹을 지니시게 되었다.(言詞辯雅, 能悅衆意, 於諸世間, 行大慈悲, 憐愍饒益一切有情. 由是, 感得目紺靑色, 睫如牛王.)"

7 자금색紫金色 얼굴(紫金顏) : 32상 중 금색신상金色身相과 통한다. 『觀佛三昧海經』 권10(T15, 693c11)에 가섭불迦葉佛의 신장은 16장丈이고 몸 전체는 자금색 상호를 갖추었다고 한다.

수단을 지녔던 종사들[8] 역시 두 선의 우열에 대하여 말한 적이 없었다.

牧牛子曰, "禪門語句, 只貴破執現宗, 務要直截悟入, 不許繁辭註解, 施設義理而知之." 故昔人云, "名數入而妙本乖, 言說出而眞宗隱." 離言獨了, 然後眞宗可傳 ; 離名直荷, 然後妙本自任. 夫靑蓮目之高瞬, 紫金顔之微哂, 有何名言可容於舌頭哉! 如有名數言說, 便是敎跡也. 其所謂敎外別傳之旨, 豈有聞於今日哉! 此卅三諸祖之所以不言二禪之名字, 而亦莫與之演義也. 豈卅三諸祖爲然! 南岳淸源以下大手宗師, 未嘗言二禪之優劣.

훗날 앙산仰山 선사가 향엄香嚴이 대나무에 돌조각이 부딪치는 소리를 듣고 깨달은 인연[9]을 듣고 그를 점검하러 갔을 때 향엄이 게송을 지어 "지난해의 가난은 가난이 아니요, 올해의 가난이 진실로 가난이라네. 지난해에는 가난해도 송곳 꽂을 땅이라도 있었건만, 올해는 송곳조차 없구나."[10]라고 하

8 육조 혜능 이후로는 공식적인 전법傳法 조사는 정하지 않는다. 이 때문에 육조의 뛰어난 두 제자를 대표로 내세워 그 이후의 전승을 나타내고 있다.
9 제1편 「백파의 삼종선론 비판」 각주 105) 참조.
10 제1편 「백파의 삼종선론 비판」 각주 106) 참조.

였다. 이에 앙산이 "여래선은 지한 사제가 이해했다고 인정하겠다. 그러나 조사선은 꿈에도 알지 못했다."라고 평가했다. 향엄이 다시 "나에게 하나의 기틀이 있으니, 눈을 깜박거려 그것을 보이노라. 이 뜻을 알아차리지 못하는 자가 있다면, 특별히 그를 사미沙彌라고 부르리라."는 게송을 지었다. 앙산은 (이를 듣고 위산에게) "기쁩니다! 지한 사제가 조사선을 이해했습니다."라고 말했다. 이것이 두 가지 선이 이름과 뜻을 분명하게 나눈 유래이다.[11]

後來仰山禪師, 聞香嚴擊竹因緣, 往勘之. 嚴有偈曰, "去年貧未是貧, 今年貧始是貧. 去年貧猶有卓錐之地, 今年貧錐也無." 仰山曰, "如來祖,[1)] 許閑師弟會 ; 祖師禪, 未夢見在." 嚴復有頌云, "我有一機, 瞬目視伊. 若人不會, 別喚沙彌." 仰山曰, "且喜! 閑師弟會祖師禪." 此二禪所以分曉名義之始也.

1) ㊀ '祖'는 '禪'의 오자이다.

11 이러한 평가와는 달리 『潙山語錄』(T47, 580c4)에 따르면, "현각玄覺은 '말해 보라! 여래선과 조사선은 나눌 수 있는가, 나누지 못하는가?'라고 물었고, 장경 혜릉長慶慧稜은 '한꺼번에 눌러앉아 버려라!'라고 말했다.(玄覺云, '且道! 如來禪與祖師禪, 是分不分?' 長慶稜云, '一時坐却!')"라는 견해를 소개하고 있다. 이러한 관점은 여래선과 조사선이라는 구분 자체를 하나의 화두로 수용하여 활용한 것이다. 의미상 분명하게 구분하지 않고 미해결의 화두로 제기하는 방식을 나타낸다.

후대에 대혜 선사는 "하나의 무대에 올려진 두 꼭두각시(肉傀儡)를 부리며, 얼굴을 마주보고 손발이 움직이도록 조정하고 있구나. 이야기하는 두 꼭두각시가 바로 (무대 뒤에서) 조정하는 그 사람인 줄 어찌 알겠는가!"[12]라고 착어를 달았다. 대혜가 이렇게 한 말은 앙산의 뜻을 인정한 것인가? 인정하지 않은 것인가? 나라면 "때로는 아름다운 달빛을 즐기느라, 모르는 결에 창주[13]를 지나치노라."[14]라고 대답하리라.

---

12 『大慧語錄』에는 보이지 않고 『潙山語錄』(T47, 580c7)과 『宗門拈古彙集』 권21(X66, 127a13) 등에 제시된다. 본문의 인용에는 약간 생략이 있다. 대혜는 위산이 마치 꼭두각시놀음을 하듯이 앙산과 향엄을 조정하며 희롱했고 그 두 사람은 이 사실을 전혀 모르고 있었다는 견해를 피력한 것이다. 앙산이 조사선과 여래선이라는 틀로 향엄의 경계를 점검했던 방식에 대한 비판적 평석이다.

13 창주滄洲 : 은둔자의 거처를 칭하는 말로 흔히 쓰인다.

14 야보 도천冶父道川의 말이다. 이에 대하여 기화己和는 「설의說誼」에서 이렇게 해설한다. 『金剛經五家解說誼』 권하(H7, 75a), "철선鐵船을 띄우고 바다에 들어가니, 낚싯대 던져 놓은 그곳에 달이 둥글게 밝았네. 본래부터 달빛에 싸늘하게 비치는 그림자를 좋아하여, 창주의 바다 지나친 것 전혀 알아채지 못했다네. 다시 알아야 하리라. 도중에야 도리어 청산의 풍경 기억하니, 종일토록 가고 또 가면서도 간다는 사실 모르노라.(駕起鐵船入海來, 釣竿揮處月正明. 性愛蟾光寒照影, 滄溟過來渾不覺. 更知道. 途中卻憶青山事, 終日行行不知行.)" 『石璞質語錄』 권2(J36, 821c15), "학인이 물었다. '허공에 본체가 있지만 반드시 몸소 증명해야 한다는 뜻은 무엇입니까?' '때로는 아름다운 달빛을 즐기느라, 모르는 새 창주를 지나친다.' '저는 어째서 허공의 진실을 증명하지 못합니까?' 석박이 따귀를 때리고 말했다. '그대가 머물 경계가 아니니라.'(僧問, '虛空有體, 須親證, 意旨如何?' 師云, '有時因好月, 不覺到滄洲.' 僧云, '某甲

後大慧禪師着語云, "教得一棚肉傀儡, 面面相看手脚動. 爭知語話是他人!" 大慧恁麽[1)]道, 是肯仰山耶? 不肯仰山耶? 余曰, "有時因好月, 不覺過滄洲."

1) ㉮ 연인본에는 '麽'가 '摩'로 되어 있다.

2. 이선과 삼구 배대에 대한 질의質議

문 일우一愚는 세존께서 적멸도량[15]에서 처음으로 정각을 이루고 비로자나[16]의 몸을 나타내신 뒤 41위의 법신보살[17]과

因甚不證虛空?' 師掌云, '無你棲泊處.')"

15 적멸도량 : 적멸장寂滅場. 부처님이 처음으로 정각正覺을 성취한 마가다국의 보리수菩提樹 아래 참선하던 곳.

16 비로자나 : 비로사나毘盧舍那·비로자나毘盧遮那라고도 쓰고, 노사나盧舍那라고도 한다. 모든 존재를 두루 비추어 관조하는 부처님. 마치 태양과 같이 비추는 작용에 빗대어 광대무변한 지혜를 나타낸다. 보신報身 또는 법신法身이다. 비로자나는 법신, 노사나는 보신, 석가모니불은 응신應身으로 구분하기도 하고, 이 삼신은 분리 불가능한 일체라는 설도 있다. 지혜의 광명으로 만법을 두루 관조한다는 뜻에서 광명변조光明遍照, 허공과 같이 드넓은 세계에 거처하며 그 공덕과 지혜가 조금도 오염되지 않고 청정하다는 뜻에서 광박엄정廣博嚴淨, 시공간적으로 어떤 한계도 없이 일체법과 모든 중생으로부터 떨어져 있지 않다는 뜻에서 변일체처遍一切處 등으로 한역한다.

17 법신보살(法身大士) : 대사는 보살의 한역어 중 하나. 육신의 속박이 남아 있는 생신보살生身菩薩과는 달리 온전히 열반의 경지에 올라 자유자재로 그것을 누리는 보살을 말한다.

과거세에 근기가 성숙한 천룡팔부에게 한순간에 둘러싸여 마치 구름이 달을 감싸는 듯했다는 바로 그 장면[18]을 제2구에 짝지으면서 여래선이라는 이름을 직접 붙였다.

또한 세존께서 가섭에게 세 곳에서 마음을 전하시고[19] 백장과 황벽이 각각 대기大機와 대용大用을 얻은 경계[20]를 제1구에 짝지으면서는 무슨 이유로 조사선이라는 이름을 직접 붙이지 않고 마침내 풍혈 연소風穴延沼가 법좌에 올라 '조사의 마음 도장은 무쇠소의 기봉을 닮았다'[21]고 한 말을 인용하였는데, 이것으로써 은근히 조사선을 가리킨 것인가?

問曰, "一愚, 以世尊在寂滅場中, 初成正覺, 現盧舍那身, 與四十一位法身大士, 及宿世根熟天龍八部, 一時圍繞, 如雲籠

---

18 이상은 『天台四教儀』(T46, 774c23)에서 돈교頓教인 『華嚴經』의 '頓'의 뜻에 대한 묘사를 인용했다.

19 삼처전심三處傳心 : 제1편 「백파의 삼종선론 비판」 각주 3) 참조.

20 제1편 「백파의 삼종선론 비판」 각주 47) 참조.

21 『景德傳燈錄』 권13 「風穴延沼傳」(T51, 302b23), "풍혈이 법좌에 올라 대중에게 설법했다. '조사의 마음 도장(心印)은 무쇠소의 기봉을 닮았다. 찍고 떼면 도장 자국이 남아 있고, 찍은 채로 그대로 놔두면 도장이 망가진다. 가령 떼지도 못하고 그대로 두지도 못한다면 찍는 것이 옳을까, 찍지 않는 것이 옳을까? 말해 볼 사람 있는가?' 그때 노피盧陂 장로가 나와서 물었다. '저에게 무쇠소의 기봉이 있습니다. 스님께서는 거기에 도장을 올려놓지 마시기 바랍니다.'(昇座, 示衆云, '祖師心印, 狀似鐵牛之機. 去卽印住, 住卽印破. 祇如不去不住, 印卽是, 不印卽是? 還有人道得麽?' 時有盧陂長老出問, '學人有鐵牛之機, 請師不搭印.')"

月, 配第二句, 而直名如來禪；以世尊迦葉三處傳心, 及百丈黃蘗得機用處, 配第一句, 而何不直名祖師禪? 遂引風穴上堂, 祖師心印, 相似鐵牛機之言, 以意暗指此禪耶?"

답 종지를 주고받는 방법이 말에 의지하거나(顯) 말 이외의 수단에 의지하거나(密)에 따라 두 선禪의 이름이 나뉘며, 전수하는 법의 본체가 두 가지인 것은 아니다.

가령 『능가경』에서 "무엇을 가리켜 여래선이라 하는가? 여래(佛)의 지위로 들어가 성스러운 지혜의 세 가지 즐거움[22]을 스스로 증득하고, 모든 중생에게 불가사의한 일을 만들어 주는 것을 가리켜 여래선이라 한다."[23]라고 한 말과 같다.

그런데 일우가 경전을 인용하면서 '세존께서 적멸도량에서 처음으로 정각을 이루시고'라고 한 바로 그때는 스스로 법을 증득한 시기가 아닌가? '법신보살과 근기가 성숙한 천룡팔부에게 한순간에 둘러싸이시어'라고 한 이 말은 스스로 증득한 법을 설하여 불가사의한 일을 만들어 주었다는 뜻이 아닌가? 이상이 일우가 부처님의 말씀에 근거하여 곧바로 여래선을 제2구에 짝지은 이유이다.

---

22 『注大乘入楞伽經』 권4(T39, 460b21)에 따르면, 선정락禪定樂·보리락菩提樂·열반락涅槃樂 등 세 가지 즐거움을 말한다.

23 『大乘入楞伽經』 권3(T16, 602a20).

부처님은 "나는 어느 날 밤에 성불하였고 어느 날 밤에 열반에 들겠지만, 이 중간에 한 글자도 말하지 않으리라."[24]라고 말씀하셨다. 이는 말하면서도 아무 말도 없는 것이니, 권權 그대로 실實을 밝히는 제2구의 일이 아닌가? 부처님은 스스로 증득하신 뒤 증득한 그대로 남들을 가르치셨거늘 만일 그것에 뜻도 없고 이치도 없다면 무엇을 증득하고 무엇을 가르치셨단 말인가? 이것은 여래선이 뜻과 이치를 가지고 있으면서 이름을 드러내 놓고 말하는 까닭이다.

조사선이라면 그렇지 않다. (부처님께서 당신의) 자리를 반으로 나누어 앉도록 하시자 (가섭은) 묵묵히 아무 말 없이 그 뜻을 알아차렸고, (부처님께서) 꽃을 집어 들고 사방을 돌아보시자 (가섭은) 묵묵히 아무 말 없이 그 뜻을 알아차렸으며, (열반에 드셔서) 두 발을 관 밖으로 드러내 보이시자 (가섭은) 묵묵히 아무 말 없이 그 뜻을 알아차렸다.[25] 더 나아가 백장은 마조가 내지른 할에 귀가 먹어 아무 말도 못했고, 황벽은 백장이 당한 그 할에 대한 이야기를 전해 듣고 혀를 내두를 뿐 아무 말도 하지 못했다.[26]

---

24 위의 책, 권4(T16, 608b16).

25 이상은 조사선에서 전법의 근거로 삼는 삼처전심三處傳心의 내용이다. 제1편「백파의 삼종선론 비판」각주 3) 참조.

26 제1편「백파의 삼종선론 비판」각주 103)·104) 참조.

이상은 모두 말로 전하는 교법에 따르지 않고서 묵묵히 전수받고도 (전하는 사람과 전수받는 사람의 뜻이) 빈틈없이 들어맞았던[27] 예들이다. 하지만 이렇게 묵묵히 전하고 빈틈없이 들어맞는 방식엔들 어찌 의리義理가 없겠는가! 언어로 마음을 전하는 방법이 허용되지 않는데 또한 어떻게 의리라는 말로써 이름을 세우겠는가?

그러므로 조사선은 다만 빈틈없이 서로 들어맞히는 방법이 있을 뿐이다. 세존께서도 이름을 붙인 적이 없었고, 조사도 이름을 붙인 적이 없었으며, 덕이 높은 종사들도 이름을 붙인 적이 없었다. 어떤 이름이건 어쩔 수 없이 붙이는 것이니 하물며 의리를 말하는 경우야 언급할 필요가 있겠는가! 이것이 교설 밖에서 별도의 방식으로 전하여 홀로 격외格外라는 칭호를 얻은 까닭이다.

일우는 이 별도의 방법으로 전하는 종지를 임제의 제1구에 짝지었지만 또한 직접 (조사선이라는) 이름을 붙이지 않은 채 다만 풍혈의 말[28]만 인용하여 은근히 가리켰을 뿐이다. 이 방

---

27 밀계密契 : '밀'은 빈틈이 없이 촘촘한 상태(親密)를 형용하고, '계'는 두 가지가 하나에서 나누어졌다가 합쳐지듯이(契合) 조금도 어긋나지 않는다는 말이다. 전수의 양쪽 당사자가 지니고 있는 속뜻이 어김없이 하나가 되는 이심전심以心傳心의 도리이다.

28 각주 21) 참조.

법으로 종문의 법도를 잃지 않았던 것이다.

答曰, "由其授受之顯密, 而有二禪之名, 非所傳之法體有二也. 如楞伽經云, '何名如來禪? 入佛地位, 自證聖智三種樂, 爲諸衆生, 作不思議事, 是名如來禪.' 今一愚所引經, 世尊在寂滅場中, 初成正覺云者, 此非自證法時耶? 與法身大士, 根熟天龍, 一時圍繞云者, 此非說與自證法, 而作不思議事耶? 此一愚所以依佛言, 而直配如來禪, 於第二句也. 佛言, '我於某夜成佛, 某夜涅槃, 於此中間, 不說一字.' 此說而無說, 非卽權明實之第二句事耶? 佛旣自證, 如證敎人, 若其無義無理, 其亦何證何敎歟? 此如來禪之所以有義理而現說名字者也. 若祖師禪則不然. 分半座而令坐, 默無言而承當；擧拈花而顧視, 默無言而承當；露雙趺而示之, 默無言而承當. 乃至百丈因馬師之一喝, 而耳聾無語, 黃蘗因百丈之傳喝, 而吐舌無語. 此皆不因言敎而默授密契者也. 然此默傳密契, 亦豈無義理哉! 旣不容于語言而傳心, 又安得以義理而立名乎? 故知此禪, 但有密契而已. 世尊, 也未曾安着名字；祖師, 也未曾安着名字；古德宗師, 也未曾安着名字. 名且不可得而安著, 況其有說於義理哉! 此其所以別傳於敎外, 而獨得格外之稱焉者也. 今一愚, 以此別傳之宗旨, 配臨濟第一句, 亦不直書名字, 只引風穴語而暗道之. 此正不失宗門之典則也."

문 그렇다면 제3구에서 풀어 놓은 말은 어떤 선禪에 해당하는가?

問, "然則第三句之所說, 當於何禪耶?"

답 이 제3구 중에서는 세 가지 구절을 합하여 설한다. 대체로 제1구 중에 본래 삼현과 삼요를 모두 갖추고 있지만 애초에 그 구체적인 특징에 대해서는 말하지 않는다. 제2구 중에서는 단지 언어와 사유가 허용되지 않는 경계를 분석할 뿐이다.

제3구에 이르러서 모든 것을 다 말로 푼다. 제1구와 제2구의 도리에 대하여 비로소 다양한 방식으로 설명하며 가로로 집어 들었다 거꾸로 써먹었다 마음껏 부리며 삼요의 도장으로 허공과 물과 진흙에 찍어 공부하는 이들을 점검한다.【원오圜悟가 "스스로 삼요의 도장을 가지고 허공에 찍고 물에 찍고 진흙에 찍어서 학인을 점검한다."[29]고 한 이 말은 사가師家의 시점에서 설한 것이다.】 세 가지 수준(근기)의 사람들이 깨닫는 것도 마치 허공과 물과 진흙이 도장을 받아들여 찍히는 것과 같다.【대혜大慧는 "상사가 도道를 들으면 도장을 허공에 찍는 것과 같고, 중사가 도를 들으면 도장을

29 전거 미상. 원오의 어록에도 보이지 않는다.

물에 찍는 것과 같으며, 하사가 도를 들으면 도장을 진흙에 찍는 것과 같다."[30]라고 말했다. 이것은 학인의 시점에서 한 말로서 이들 모두 제3구와 연관된 일이다. 결코 착각하지 마라.】

두 구절【제1구와 제2구】에 근거하여 그것들을 합하여 이 구절【제3구】에서 설명하는 것이므로 이름을 바꾸어 이 구절【제3구】을 삼구三句라 하니, 현과 요는 그 속에 모두 들어 있다【청풍 법사의 말이다】.[31] 제1구와 제2구 두 구절이 이미 이 제3구에서 설명되었다면 그 두 구절을 짝지은 두 선禪【여래선과 조사선】 또한 제3구에서 설명되지 않았다고 말할 수 없을 것이다. 그러므로 제3구에서 두 구절을 해설하였다는 평가는 어느 정도 옳지만 제3구를 어느 하나의 선에 짝짓는 것은 타당하지 않다.

答曰, "此句中, 三句合說. 蓋第一句中, 本具三玄三要, 而初不言其狀相. 第二句中, 只分析[1)]未容議擬處. 至第三句都說了. 上二句之義, 方堪東說西說, 橫拈倒用, 將三要印, 印空水泥而驗人.【圓悟曰, "自家漢將三要印, 印空印水印泥而驗人"者, 此師家邊說也.】 其三士之薦得, 亦如空水泥之受搨.【大慧曰, "上士聞道, 如印印空 ; 中士聞道, 如印印水 ; 下士聞道, 如印印泥." 此就賓家邊

---

30 『大慧語錄』 권20 「示無相居士」(T47, 894b17).

31 『禪門綱要集』 「二賢話」(H6, 852a). 제1편 「백파의 삼종선론 비판」 각주 68) 해당 본문 참조.

云者, 此皆第三句事也. 切莫錯會.】 由其二句【第一句, 第二句】, 合說於此句【第三句】, 故轉名此句【第三句】謂三句, 玄要在其中矣【風法師言也】. 二句旣詮於此句, 則配二句之二禪【如來祖師】, 亦不可謂不詮於此句矣. 然謂之詮焉則姑可, 將以配之則不可也."

1) ㉮ 연인본에는 '析'이 '柝'으로 되어 있으나, '析'이 옳다.

제2장 격외의리변格外義理辨

1. 격외선과 의리선의 유래

옛날에 백운 수단白雲守端 화상은 행동거지 전반에 걸쳐 반드시 옛일을 기준으로 판단하였다. 그는 "어떤 일이건 오랫동안 변함없는 본보기로 살피지 않는다면 법에 적절하지 않다(不法)고 한다.[32] 예부터 전해진 법도를 변화시키고 항상 이어져 온 습속을 바꾸고자 하는 시도,[33] 바로 그것이 요즘 사람들의 큰 병통이다."라고 말한 적이 있다.[34] 이는 진실로 의지하고 실행할 가치가 있는 말이다.

옛날에는 단지 '격외'라는 말만 있었지 '격외선格外禪'이라는

---

32 이하에 중간은 생략되어 있다.

33 제1편 「백파의 삼종선론 비판」 각주 61) 참조.

34 『禪林寶訓』 권2(T48, 1025a29). 원오圜悟가 불감佛鑑에게 해 준 말로 되어 있다. 『白雲守端語錄』에는 보이지 않는다.

명칭은 없었고, '의리'라는 말만 있었지 '의리선義理禪'이라는 명칭은 없었다. 중고中古시대 종사들이 배우는 이들을 깨우치려고 비로소 "말에 의한 가르침에 따르지 않고 마음으로 마음을 전하는 것을 조사선이라 한다."[35]고 했던 것이다. 이러한 전수 방법은 교敎의 격식(格) 밖으로 멀리 벗어나므로 격외선이라 해도 된다. 말을 꺼내 뜻(義)을 설명하거나 말에 따라서 도리(理)를 깨닫는 것을 여래선如來禪이라 한다. 이것은 말에 의한 교설(言敎)이나 뜻과 도리(義理)로 말미암아 깨닫기 때문에 의리선이라 해도 된다. 이것이 바로 격외선과 의리선이라는 이름을 세우게 된 유래이다.

그러므로 전수하는 사람을 기준으로 해서는 여래선과 조사선이라는 이름으로 분류하고, 전수하는 법을 기준으로 해서는 의리선과 격외선이라는 이름으로 분류한다. 이것이 전통적인 총림叢林에서 전래된 일반적인 설로서 그 뜻과 도리로 보아도 온당하여 아무 결함이 없다.

昔者, 白雲端和尙, 動用擧指,[1)] 必稽往古, 嘗曰, "事不稽古, 謂之不法. 變古易常, 乃今人之大病." 此言眞可依而行之也. 古者, 但有格外之言, 未有格外禪之名；但有義理之言, 未有

35 누구의 말인지 알 수 없다.

義理禪之名. 中古師家欲曉學者, 而始言之曰, "凡不由言敎, 以心傳心, 謂之祖師禪." 此之傳受, 逈出敎格之外, 亦可名格外禪. 凡開言而說義, 因言而證理, 謂之如來禪. 是由言敎義理而悟入, 亦可名義理禪. 此格外禪義理禪之所以立名之始也. 故約人名如來禪祖師禪, 約法名義理禪格外禪. 此乃古叢林傳來之通談, 其於義理, 穩涉無欠.

1) ㉾ '指'는 '措'의 오자이다.

2. 백파의 '의리義理' 개념에 대한 비판

근래에 육은 노인(백파)이 분별한 내용을 살펴보니, 일우의 설에 근거하여 말하면서도 일우가 근거했던 말을 바꾸었고, 호암虎岩과 연담蓮潭의 설에 따라 말하면서도 호암과 연담이 따랐던 말을 바꾸었다.

일우는 삼처전심을 합하여 조사선으로 여기고 임제의 제1구에 짝지었다. 그런데 (백파는) 자리를 나누어 앉은 것은 오로지 살殺만 있을 뿐 활活이 없다고 보고 여래선으로 간주하여 제2구에 짝지었고, 대중에게 꽃을 들어 보인 것은 살과 활을 겸비하였다고 보고 조사선으로 간주하여 제1구에 짝지었다. 이것은 말은 일우의 설에 근거하면서 뜻은 일우의 설에 반하는 것이 아닌가?

호암과 연담 두 노승 또한 삼처전심을 모두 조사선으로 간주하여 제1구에 짝지었고, 자리를 나누어 앉은 것은 여래선으로 간주하지 않고 의리義理를 열어 설명하는 방식을 여래선으로 간주했다. 사람과 법을 기준으로 두 가지 선에 모두 이름을 붙인 것도 옛날 총림과 똑같고 다른 점이 없다.

그런데 (백파는) 여래선을 격외선으로 여기면서 도리어 옛사람이 그것을 의리선에 짝지은 것에 대하여 반박하며 "양민을 억눌러 천민을 만든 격"이라고 비판하였다.[36] 그렇다면 의리義理라는 두 글자는 하천한 신훈新熏에 속박되어 있을 뿐이어서 그 이상 써먹을 여지는 결코 없단 말인가? 이는 의리라는 두 글자가 삼구와 두 종류 선禪을 모두 뚫고 들어가 있을 뿐만 아니라 세상의 공문公文 그 어디에나 들어 있다는 사실을 전혀 모르고 하는 소리이다.

쓰이는 대상에 따라 의리義理라는 말이 적용되는 범위는 한계가 없다. 가령 맑고 고요하면서 정밀한 속성은 역학易學의 의리이고, 원만하게 융합하고 걸림이 없는 이치는 화엄의 의리이며, 원형이정元亨利貞[37]은 건괘乾卦의 의리이고, 상락아정

---

36 백파의 말인지 확인할 전거가 없다.『禪文手鏡』에는 보이지 않는다.

37 원형이정元亨利貞 :『易經』「乾」에 대한 공영달孔穎達의 소疏에 원형이정은 건乾의 네 가지 덕(四德)이라 한다.

常樂我淨[38]은 불교의 의리이다. 말에 의지한 교설에 따르지 않고 곧바로 조사의 심인心印을 꿰어 차는 방식은 격외선의 의리이다. 불조佛祖의 권權과 실實이나 삼현·삼요의 그림자와 형체에는 그런 까닭이 있으니 그 모든 요소가 설하는 자와 듣는 자 속으로 들어가지만 크게 나타내어 숨김이 없는 바로 이것은 또한 의리선의 의리이기도 하다. 이것은 여래선의 의리와 짝이 맞으며, 지금 이 사람(백파)이 '다만 신훈일 뿐 본분은 없다'고 하며 하천하게 여기는 그런 의리는 아니다.

격格이란 말에 의한 교설과 의리의 격식이 아닌가? 세존과 가섭이 세 곳에서 주고받은 소식은 모두 언어에 의한 교설의 격식 안에는 없으니 그것을 가리켜 격외라 하는 평가는 진실로 당연하다. 만약 여래선이라면 그렇지 않다. 세존께서 먼저 스스로 이름을 붙이고 또한 그에 따라 이름을 풀이하여 "여래(佛)의 지위로 들어가 성스러운 지혜의 세 가지 즐거움을 스스로 증득하고, 모든 중생에게 불가사의한 일을 만들어 주는 것을 가리켜 여래선이라 한다."[39]라고 하셨다. 또한 고덕은 "영산회상의 여래선이여! 문답에 어찌 특별히 깊은 도리가 들어 있겠는가!"[40]라고 읊었고, 영가 현각永嘉玄覺은 "단번에 여래선

---

38 상락아정常樂我淨 : 열반의 네 가지 덕.

39 각주 22)·23) 참조.

40 『建中靖國續燈錄』 권28(X78, 813b2)에 처음으로 제시된 세존정법世

을 깨닫는다면, 육도와 만행이 본체 중에 원만히 구비된다."[41] 라고 하였다. 또한 고덕은 보신報身의 주인이자 법신法身의 손님이 함께 말하고 듣는 내용을 여래선으로 여겼다.[42]

近得見六隱老之所辨, 言依一愚, 而變易一愚之所依 ; 言從虎蓮, 而變易虎蓮之所從. 一愚以三處傳心, 合爲祖師禪, 而配臨濟第一句. 今以分座, 爲但殺無活, 以爲如來禪, 配第二句 ; 以拈花示衆, 謂兼殺活, 以爲祖師,[1)] 配第一句. 此非言則依於一愚, 而義則反於一愚耶? 虎蓮二老, 亦以三處傳心, 爲祖師禪, 而配第一句, 不以分座爲如來禪, 以開說義理, 爲如來禪. 約人法而雙名二禪, 一如古叢林而無殊. 今以如來禪爲格外禪, 却駁古人配之義理曰, "壓良爲賤." 然則義理二字, 但束縛於賤貶之新熏, 而更不升用餘處耶? 殊不知, 義理二字, 總

尊定法의 공안에 대하여 지해 본일智海本逸이 읊은 4구의 게송 중 앞의 두 구절이다. 그 공안은 다음과 같다. "외도가 부처님께 물었다. '오늘은 어떤 법을 설하셨습니까?' '정법定法을 설하였다.' 다음 날 또 물었다. '오늘은 어떤 법을 설하십니까?' '부정법不定法이다.' '어제는 정법을 설하셨는데, 오늘은 무슨 이유로 부정법을 설하십니까?' '어제는 정법이고 오늘은 부정법일 뿐이다.'(外道問佛, '今日說何法?' 佛云, '說定法.' 來日又問, '今日說何法?' 佛云, '說不定法.' 外道云, '昨日定, 今日爲什麽不定?' 佛云, '昨日定, 今日不定.')"

41 『永嘉證道歌』(T48, 395c9).

42 누구의 말인지 알 수 없다.

貫於三句二禪, 而亦爲通天下之公文. 隨其用處, 義理無窮. 如潔靜精微, 易學之義理也 ; 圓融無礙, 華嚴之義理也 ; 元亨利貞, 乾之義理也 ; 常樂我淨, 佛之義理也. 不由言敎, 直佩祖印, 格外禪之義理也. 佛祖之權實, 玄要之影形有以, 總入於說聽之中, 而丕[2]顯無隱者, 此又義理禪之義理也. 此配如來禪之義理也, 非今人所謂但新無本而賤貶之義理也. 格者, 非言敎義理之格式耶? 夫世尊迦葉三處授受, 皆不在於言語敎格之內, 則謂之格外, 固其當然. 若如來禪則不然, 世尊先自立名, 又從而釋名曰, "入佛地位, 自證聖智三種樂, 爲諸衆生, 作不思議事, 是名如來禪." 古德頌, "靈山會上如來禪! 問答何曾別有玄!" 永嘉曰, "頓覺了如來禪, 六度萬行體中圓." 又古德, 以報身主法身賓之所共說聽, 爲如來禪.

1) ㊂ '師' 다음에 '禪'이 탈락되었다. 2) ㊂ 연인본에는 '丕'가 '否'로 되어 있으나, '丕'가 옳다.

이상과 같이 불조佛祖가 이름을 지정하여 붙이고 그 뜻을 푸는 방법은 결단코 '격외'라 말할 수 없다. 그러나 일단 이름을 붙이고 그에 따라 뜻과 도리(義理)를 푼 이상 여기에도 의리선이라는 이름을 붙인들 무슨 잘못이 있겠는가? 호암과 연담 이상의 여러 노숙老宿들은 일우 청풍 법사淸風法師의 말에 의지하여 그것을 기준으로 삼았고, 일우 청풍 법사는 고古·홍

洪 두 선사·부산 법원浮山法遠·앙산 혜적仰山慧寂·분양 선소汾陽善昭·풍혈 연소風穴延沼 등 여러 고덕들의 말에 의지하여 그것을 기준으로 삼았다. 그러므로 일우의 설에 반하는 요소가 있다면 이상의 여러 선사들이 보여준 설에는 반하는 요소가 없다고 말해서는 안 된다. 예전의 본보기와 반하지만 오늘날에는 제대로 행한다는 소리는 들어본 적이 없다. 이것이 바로 "예부터 전해진 법도를 변화시키고 항상 이어져 온 습속을 바꾸고자 하는 시도, 바로 그것이 요즘 사람들의 큰 병통이다."[43]라고 말한 백운 수단의 뜻이다.

如上佛祖之指名演義, 斷不可言格外也. 旣安名字, 從演義理, 亦名義理禪, 有何不可? 夫虎蓮以上諸老宿, 依一愚風法師, 而爲準繩; 一愚風法師, 依古洪二師·浮山遠·仰山寂·汾陽·風穴諸古德, 而爲準繩. 旣有反於一愚, 則已上諸師, 亦不可謂不反矣. 反於古而行於今, 曾未之聞也. 此正白雲所謂變古易常, 今人之大病者也.

43 각주 34) 참조.

3. 교教와 선禪의 차이에 대한 질의質議

문 여기서 인용한 옛날의 본보기 중『능가경』의 구절도 교教이고, 영산회상에서 주고받은 문답도 교이며, 육도와 만행이 본체 중에 원만히 구비된다는 말도 교이고, 보신의 주인이자 법신의 손님이 함께 말하고 듣는다는 말도 교인데, 이들을 모두 여래선이라 하였다. 그렇다면 교教와 선禪은 원래 구별되는 측면이 없는가?

> 問曰, "今所引古中楞伽經, 教也 ; 靈山會上問答底, 教也 ; 六度萬行體中圓, 教也 ; 報身主法身賓之說聽底, 教也, 皆言如來禪. 然則教與禪, 元無所別耶?"

답 고덕이 "선은 부처님 마음(佛心)이요 교는 부처님 말씀(佛語)이다."[44]라고 한 말을 들어보지 못했는가? 말은 마음에

---

44 서산西山은『禪家龜鑑』(H7, 635b)과『禪教訣』(H7, 657b) 등에서 이 말을 제기한다. 주로 선교일치禪教一致의 관점과 논리로 쓰이지만 조사선을 기반으로 삼는 선사들도 적지 않게 활용한다. 일치론자인 종밀宗密은『都序』(T48, 400b10)에서 "경은 부처님의 말씀이고 선은 부처님의 마음이다. 부처님의 마음과 입은 결코 서로 어긋나지 않는다.(經是佛語, 禪是佛意. 諸佛心口, 必不相違.)"라고 한다. 혜심慧諶은『看話決疑論』「跋文」(H4, 737b)에서 "근고近古 이래로 불법이 대단히 쇠약해져서 혹은 선을 근본으로 삼아 교를 배척하며, 혹은 교를 받들며 선을 비

서 일어나기 때문에 마음과 다른 말은 없고, 마음은 말의 근본이기 때문에 말과 다른 마음은 없다. 그러므로 마음을 깨닫고 말을 잊으면 교가 선이요, 말에 막혀서 마음을 잃으면 선이 교가 된다.

고덕은 "말에 얽매여 이해를 일으키는 자가 말에서 본질을 잃어버리면, 비단 삼승십이분교三乘十二分教[45]만 교教의 자취가 될 뿐 아니라 영취산에서 꽃을 들어 보인 소식[46]·소림사에서 달마 대사가 면벽한 뜻[47]·종사의 깊은 말과 미묘한 구절·한 번씩 번갈아 시행하는 방棒과 할喝 등도 모두 교의 자취일 뿐이다. 반대로 만약 말에서 찾지 않고 곧바로 마음에서 꿰뚫는다면 비단 꽃을 들어 보인 소식과 달마의 면벽만 교외별전의 소식인 것이 아니라 삼승십이분교에서부터 세간의 온갖 거칠고 자질구레한 말들에 이르기까지 모두 향상하는 하나의 통로인 것이다."[48]라고 하였다.

난한다. 이는 선이 부처님의 마음이고 교는 부처님의 말씀이며, 교는 선을 포착하는 그물이요 선은 교를 통괄하는 벼리라는 사실을 전혀 모르기 때문에 그러한 것이다.(近古已來, 佛法衰廢之甚, 或宗禪而斥教, 或崇教而毁禪. 殊不知, 禪是佛心, 教是佛語, 教爲禪網, 禪是教綱.)"라고 한다.

45 삼승십이분교三乘十二分教 : 교학 전체를 나타낸다.

46 제1편 「백파의 삼종선론 비판」 각주 2) 참조.

47 달마 대사가 9년 동안 소림사에서 면벽했던 고사.

48 정확히 일치하는 예는 찾을 수 없고, 『禪家龜鑑』(H7, 635b) 다음 구절의 활용으로 보인다. "그러므로 누구든 말에 얽매여 근본을 잃어버리면

대혜 종고는 "이와 같은 법은 하늘에 있으면 하늘과 동일하고 사람에게 있으면 사람과 동일하다. 만일 불신佛身으로 깨달은 사람이라면 불신을 나타내는 그 자체로 법을 설한 것이고, 관리나 바라문이나 부녀자의 몸으로 깨달은 사람이라면 모두 각자 그 몸을 나타내는 그 자체로 법을 설한 것이다. 이것이 한맛으로 드러내는 청정한 법문이다. 이 안에서 각 사람의 본지풍광本地風光[49]과 본래면목本來面目[50]을 밝혀야 비로소

염화미소의 소식도 모두 교의 자취에 불과하지만, 마음에서 깨달으면 세간의 온갖 거칠고 자질구레한 말들도 모두 교외별전의 선지禪旨가 된다.(是故, 若人失之於口, 則拈花微笑, 皆是敎迹, 得之於心, 則世間麤言細語, 皆是敎外別傳禪旨.)"

49 본지풍광本地風光 : 본래면목과 같은 뜻이다. 어디에도 오염되지 않은 본래의 심성이 고스란히 드러난 세계. 본래면목과 함께 쓰이면 본지풍광은 드러난 이후의 경계를 말하고 본래면목은 드러나기 이전의 경계를 가리킨다. 『圜悟語錄』 권5(T47, 735a1), "만약 진실로 바른 견해를 가지고 고요한 진여眞如와 딱 들어맞는다면, 비록 하루 어느 시각에나 생각하며 헤아리지 않고 억지로 꾸미지 않더라도, 움직이거나 조용히 있거나 말하거나 침묵하거나 깨어 있거나 잠자는 등 그 어떤 순간도 본지풍광·본래면목이 아닌 경우가 없을 것이다.(若以眞實正見, 契寂如如, 雖二六時中, 不思不量, 無作無爲, 至於動靜語默覺夢之間, 無不皆是本地風光本來面目.)"

50 본래면목本來面目 : 타고난 그대로의 꾸미지 않은 얼굴. 유·무와 선·악 등 어떤 관념에도 물들지 않은 심성을 말한다. 『壇經』에 최초로 나타나는 말이다. 흥성사본興聖寺本·덕이본德異本·종보본宗寶本 등의 『壇經』에 육조 혜능慧能이 혜명慧明에게 던진 질문에 들어 있다. 그보다 오래된 돈황본敦煌本·대승사본大乘寺本 등에는 없다. 『慧能硏究』 289쪽 참조. "혜능이 말했다. '선이라고 생각하지도 말고, 악이라고 생각하지도

대장경 전체의 교설 5,048권에 담긴 낱낱의 구절이 그와 다른 일에 대하여 말하지 않았다는 사실을 알게 될 것이다."[51]라고 말했다. 말해 보라! 그와 다른 일에 대하여 말하지 않았다면 무엇을 말했단 말인가?【참!】[52]

答曰, "豈不見, 古德云, '禪是佛心, 教是佛語.' 言由心發故, 無異心之言 ; 心是言本故, 無異言之心. 故悟心忘言, 教爲禪也 ; 滯言迷心, 禪爲教也. 古德云, '若隨語生解者, 但說[1]之於口, 則非但三乘十二分教爲教跡, 靈鷲拈華·少林面壁·宗師玄言妙句·一棒一喝, 亦皆是教跡. 若不尋言, 一直便透得之於心, 非但拈華面壁, 是教外別傳, 三乘十二分教, 乃至世間麤言細語, 皆是向上一竅也.' 又徑[2]山禪師云, '如是之法, 在天同天, 在人同人. 若以佛身得度者, 則現佛身, 以爲說法 ; 若以宰官婆羅門, 乃至婦女身得者, 卽皆現之,[3] 以爲說法. 此是一味淸淨法門. 向這裡, 明得各人本地風光本來面目, 方知一大藏教, 五千四十八卷, 句句不說別事.' 且道! 旣不說別事, 則說個什麽?"【參!】

마라. 바로 이럴 때 혜명 상좌의 본래면목은 어떤 것인가?'(慧能云, '不思善, 不思惡. 正與麽時, 那箇是明上座本來面目?')"

51 『大慧語錄』 권17(T47, 884b9).

52 참參 : 할喝과 같이 내지르는 소리이지만 주로 문어에서 사용한다. 한 단락의 끝부분에 붙여서 독자의 환기를 촉구하려는 의도로 쓰인다.

1) ㉾ '說'은 '失'의 오자이다. 2) ㉾ 연인본에는 '徑'이 '經'으로 되어 있으나, '徑'이 옳다. 3) ㉾『大慧語錄』에는 '卽皆現之'가 '悉現其身'으로 되어 있다.

제3장 살활변殺活辨[53]

1. 살활의 의미

1) 살활과 체용體用

살殺이라는 말은 본체(體)에 의지하여 세웠고, 활活이라는 말은 작용(用)에 의지하여 세웠다. 대체로 진실 그대로인 공空이라는 본체에는 갖가지 망상이 이를 수 없고 설령 이르는 경우가 있더라도 터럭에 불이 붙으면 곧바로 타듯이 사라질 것이다. 이는 본체에 지혜가 있어서 망상이 일어나지 않는다는 뜻이다.【육조는 "혜慧는 지智의 본체요, 지智는 혜慧의 작용이다. 본체에 혜慧가 있다면 작용인 지智가 어리석지 않을 것이다."[54]라고 말했다.】

---

53 각주 1) 참조.

54 『金剛經解義』「序文」(X24, 517b22). 이 문헌은 혜능의 이름을 가탁했을 뿐 친설로 평가되지는 않는다.

망상이 일어나지 않는 그 자리에 번뇌가 없는 성스러운 공덕을 본래 빠짐없이 갖추고 있다. 경에서 "생멸의 작용이 다하면 고요하게 관조하는 빛이 눈앞에 나타나리라."[55]라고 말한 것과 같다. 생멸의 작용이 그친 경계【본체】는 살殺이고, 고요하게 관조하는 빛이 눈앞에 나타나는 것【작용】은 활活이다.【조사는 말했다. "텅 비고 고요한 본체에 본래의 지혜로 아는 작용이 원래 있다."[56]】 이상은 다만 법의 본체를 기준으로 하여 살과 활을 말했을 뿐이다.

殺之言, 依體而立 ; 活之言, 依用而立. 蓋以如實空體之中, 諸妄不能著到, 設有到著, 如毛著火, 卽便燒空. 是則體有慧, 而妄不生也.【六祖曰, "慧是知[1)]體, 智是慧用. 體若有慧, 用智不愚."】 妄不生處, 本自具足無漏聖功德. 如經所云, "生滅[2)]已, 寂照現前."

---

55 "고요하게 관조하는 빛이 눈앞에 나타나리라(寂照現前)"는 말은 징관澄觀과 종밀宗密이 쓰던 말이며 경전에는 보이지 않는다. 경전에서 가장 근접하는 것은 『楞嚴經』 권6(T19, 128b21)의 "생멸의 작용이 사라지면 고요하게 소멸한 경계가 눈앞에 나타나리라.(生滅旣滅, 寂滅現前.)"는 구절이다. 징관의 『華嚴經疏鈔』 권9(T3, 68a11)에 적조현전이라는 말이 보인다. 본서에 인용된 구절은 종밀의 『都序』 권상 1(T48, 403a9)에 보인다.

56 신회神會의 말. 『神會語錄』(中國禪宗大全, 42쪽) 등에 나오지만 완전히 일치하지 않으며, 『起信論疏筆削記』 권6(T44, 330a27)이나 『宗鏡錄』 권78(T48, 846a23) 등에 본서와 동일한 구절을 제시하며 '조사의 말'로 인용하고 있다.

生滅已[3)]【體】爲殺, 寂照現前【用】爲活.【祖師云, "空寂體上, 自有本智能知."】此直約法體而言殺活.

1) ⓨ '知'는 '智'의 오자이다. 2) ⓨ 연인본에는 '滅' 다음에 '滅'이 있다. 연인본이 옳다. 3) ⓨ 연인본에는 '已'가 '盡'으로 되어 있다. '已'나 '盡'보다 '滅已'로 쓰는 것이 일반적이다.

2) 살활과 기연機緣

만약 말하고 듣는 관계(機緣)를 기준으로 살과 활을 말한다면 『열반경』의 다음 말과 같다. "나의 교의는 마치 독 바른 북(塗毒鼓)을 한 번 쳐서 먼 곳이나 가까운 곳에서나 그 소리를 듣는 사람은 누구나 상하는 것과 같다."[57]【진실 그대로의 참된 법

57 듣기만 하면 죽게 되는 독이 발린 북(塗毒鼓)은 『涅槃經』의 교설을 비유한다. 이 소리를 듣는 사람들의 번뇌가 다 사라지게 된다는 뜻이다. 경전의 본래 내용은 다음과 같다. 『涅槃經』 권9(T12, 661a20), "비유하자면 어떤 사람이 잡다한 독약을 큰 북에 발라 두고 여러 사람들이 있는 곳에서 그 북을 쳐서 소리를 내면 비록 듣고 싶은 마음 없이 듣더라도 듣기만 하면 모두 죽는 것과 같다. 그러나 횡사하지 않는 한 부류의 사람은 제외한다. 대승경전인 이 『대반열반경』도 이와 같다. 어느 곳에서나 수행하는 대중들 중에서 이 경전 읽는 소리를 듣는 자는 그 마음에 있는 탐욕과 성냄과 어리석음이 소멸하여 남김없이 사라진다. 그들 중에 비록 그 뜻을 생각하고 기억해 둘 마음이 없는 사람이라도 이 대열반의 인연력 때문에 번뇌를 소멸시켜 번뇌의 결박이 저절로 사라지고 사중금四重禁이나 오무간五無間에 떨어질 죄를 범했을지라도 이 경을 다 듣고 나면 무상보리無上菩提를 성취할 인연을 지어 점차로 번뇌를 끊을 것이다. 그러나 횡사하지 않는 일천제의 무리는 제외된다.(譬如有人,

을 들은 사람은 심心·의意·식識(의 번뇌)이 모두 죽는다.】

若約說聽機緣而言殺活, 如涅槃經云, "吾教義, 如塗毒鼓一擊, 遠近聞者皆喪."【聞如實之眞法者, 心意識皆死.】

또한 각범 혜홍覺範慧洪의 『임제종지』에 "이 삼현·삼요의 법문은 모든 중생이 허우적대는 뜨거운 번뇌의 바다 가운데 던져진 시원하고 고요한 법의 깃발인 셈이다. 이 깃발을 세운 취지는 마치 도독고塗毒鼓를 두드려 그 소리를 듣는 사람은 누구나 죽게 만드는 이치와 같다."[58]라고 한다. 이는 매달린 절벽에서 잡은 손을 뿌리쳐 놓고 스스로 수긍하며 알아차릴[59] 결정적인 기회이다.

以雜毒藥, 用塗大鼓, 於衆人中, 擊令發聲, 雖無心欲聞, 聞之皆死. 唯除一人, 不橫死者. 是大乘典大涅槃經, 亦復如是. 在在處處, 諸行衆中, 有聞聲者, 所有貪欲瞋恚愚癡, 悉皆滅盡. 其中雖有無心思念, 是大涅槃因緣力故, 能滅煩惱, 而結自滅, 犯四重禁, 及五無間, 聞是經已, 亦作無上菩提因緣, 漸斷煩惱. 除不橫死一闡提輩.)"

58 『臨濟宗旨』(X63, 168b16).

59 모든 활로가 끊어진 궁지에서 맞이하는 활로를 나타낸다. 『圜悟語錄』 권11(T47, 761c10), "절벽에 매달려 잡고 있는 손을 놓아야 스스로 수긍하고 알아차릴 것이다. 모든 생각이 끊어진 다음에 소생하면 누구도 그대를 속일 수 없으리라.(直得懸崖撒手, 自肯承當. 絶後再穌, 欺君不得.)"

又覺範臨濟宗旨云, “此三玄三要之法門, 是一切衆生熱惱海中, 淸凉寂滅法幢. 此幢之建, 譬如塗毒鼓撾之, 聞者皆死.” 是則懸崖撒手, 自肯承當之時節也.

또한 문수사리文殊師利 보살이 약초 캐는 일로 선재동자善財童子에게 “약이 되지 않는 풀을 캐어 오라.”고 한 일화가 있다.[60] 이는 조사가 ‘마음도 아니고 부처도 아니고 중생도 아니다’[61]라고 한 예와 같다. 약이 되지 않는 풀이란 중생이 아닌

---

60 경전상의 근거는 없고 문수와 선재를 주인공으로 설정하여 창안된 공안이다. 『五燈會元』 권2 「文殊菩薩章」(X80, 65b5), “문수보살이 하루는 선재동자에게 약초를 캐어 오라고 시키면서 ‘약이 되는 풀을 캐어 오라’고 하였다. 선재가 대지를 두루 살펴보았으나 약이 아닌 것이 없었다. 마침내 돌아와서는 ‘약이 되지 않는 풀은 없습니다’라고 아뢰었다. 문수가 ‘그럼 약이 되는 풀을 캐어 오라’고 하자 선재가 마침내 땅에서 아무 풀이나 한 줄기 집어서 문수에게 건네주었다. 문수가 그것을 손에 쥐고 대중에게 들어 보이며 말했다. ‘이 약은 사람을 죽일 수도 있고, 사람을 살릴 수도 있다.’(文殊菩薩, 一日, 令善財採藥曰, ‘是藥者採將來.’ 善財遍觀大地, 無不是藥. 却來白曰, ‘無有不是藥者.’ 殊曰, ‘是藥者採將來.’ 善財遂於地上拈一莖草, 度與文殊. 文殊接得, 呈起示衆曰, ‘此藥亦能殺人, 亦能活人.’)” 『頌古聯珠通集』 권3(X65, 489a2), 『宗門拈古彙集』 권3(X66, 18c4) 등의 공안집에도 수록되어 있다.

61 마조 도일馬祖道一의 다음 말에서 시작되었다. 『馬祖語錄』(X69, 4c19), “어떤 학인이 마조에게 물었다. ‘화상께서는 무엇 때문에 마음이 곧 부처라 하십니까?’ ‘어린아이의 울음을 그치게 하기 위함이다.’ ‘울음이 그쳤을 때는 어찌합니까?’ ‘마음도 아니고 부처도 아니라고 하리라.’ ‘이 두 가지 견해를 다 버린 사람이 찾아오면 어떻게 가르치시겠습니까?’ ‘그에게 중생도 아니라고 말하겠다.’(僧問, ‘和尙, 爲甚麽說卽心卽佛?’ 祖曰,

것이고 또한 부처도 아닌 것이며 또 마음도 아닌 것이다. 이렇게 네 가지 '아니다'라는 공空이라는 본체에는 어떤 이름도 붙일 수 없고 어떤 형상도 붙이지 못하기 때문에 '아니다'라는 부정어로써 억지로 말한 것일 뿐이다. 지혜로운 자라면 '아니다'라는 말을 그대로 인정하면서 '그렇다'고 긍정하는 근거도 알 것이다. 그러므로 선재가 "산속에 약이 되지 않는 풀이란 없습니다."라고 한 대답은 진정 대답할 줄 아는 말이었다. 알고 있는 이상 '마음이고 부처이며 중생이고 약이 된다'고 불러도 무방하다. 이 때문에 문수는 선재가 약이라면서 바친 풀을 집어 들고서 대중에게 "이 약은 사람을 죽일 수도 있고 사람을 살릴 수도 있다."라고 한 것이다.

누구든 이 네 가지 '아니다'라는 신령한 단약丹藥을 복용한다면 심心·의意·식識과 오온五蘊·십이처十二處·십팔계十八界를 한꺼번에 쓰러뜨릴 것이다. 심·의·식을 쓰러뜨린 바로 그때가 청정한 법신이 살아서 나타나는 순간이다. 그 약이 사람을 죽일 수도 있고 사람을 살릴 수도 있는 까닭은 바로 이 때문이다. 【문수가 단오[62] 때 선재에게 약을 캐어 오라고 시키면서 "약이 되

'爲止小兒啼.' 曰, '啼止時如何?' 祖曰, '非心非佛.' 曰, '除此二種人來, 如何指示?' 祖曰, '向伊道不是物.')" 『景德傳燈錄』 권7 「徑山國一傳」(T51, 253a29)에도 마조의 말로 제시된다. 마조의 제자 남전 보원南泉普願도 즐겨 활용했다. 『南泉普願禪師語要』 古尊宿語錄12(X68, 71b18) 참조.

62 이 공안은 전통적으로 약초를 캐는 절기인 단오절에 제시되는 경향이

지 않는 풀을 캐어오라."고 하였다. 선재가 돌아와서 "산속에 약이 되지 않는 풀이란 없습니다."라고 하자 문수는 "그럼 약이 되는 풀을 캐어 오라."고 하였다. 선재가 다리 사이에서 아무 풀이나 한 줄기 뽑아 바치자 문수가 그것을 손에 쥐고 대중에게 들어 보이며 말했다. "이 약은 사람을 죽일 수도 있고 사람을 살릴 수도 있다."】

又文殊師利, 因採藥謂善財曰, "不是藥者採將來." 此如祖師所云, '不是心不是佛不是物'之例也. 不是藥者, 卽是不是物, 亦卽是不是佛, 又卽是不是心者也. 此四不是之空體, 名不能安, 相不得著故, 但以不是强言之. 智者卽其不是, 而知其所是也. 故善財對云, '山中無不是藥'者, 知答也. 旣知焉則不妨喚作是心是佛是物是藥. 故文殊拈起善財所呈是藥者, 而示衆曰, "此藥亦能殺人, 亦能活人." 人能服此四不是之靈丹, 心意識蘊處界, 一時殂落. 卽其心意識殂落處, 便是淨法身活現時. 此其是藥之所以亦能殺人亦能活人者也.【文殊嵩午, 令善財採藥曰, "不是藥者採將來." 善財還告曰, "山中無不是藥者." 文殊曰, "是藥者採來." 善財於足間, 采呈一莖艸, 文殊接得, 示衆曰, "此藥亦能殺人, 亦能活人."】

있다. 『大慧語錄』 권4(T47, 829a3), 『虛堂錄』 권8(T47, 1041c4), 『雪巖祖欽語錄』 권1(X70, 599b17), 『虛舟普度語錄』(X71, 88c21) 등 참조.

2. 살활과 지혜-살인도·활인검

또한 도를 닦고 번뇌를 끊는다는 관점에서 말하면, 혜慧로 번뇌를 끊는 작용을 가리켜 살殺이라 하고 지智로 진실을 관조하는 작용을 가리켜 활活이라 한다. 번뇌라는 도적을 죽인다는 뜻에서 아라한阿羅漢을 살적殺賊[63]이라 한역하는 것과 같다. 무명無明의 도적을 베어 죽이고 법신法身의 부처를 살아 있는 그대로 나타나게 하니, 이는 금강반야金剛般若의 신통력이 아님이 없다.【조사는 말했다. "이는 대신주요 대명주요 무상주이니 모든 괴로움을 제거하고 진실로 거짓이 없다.[64] 이를 가리켜 아무리 써도 없어지지 않는 다라니의 창고(無盡陀羅尼藏)라 하고, 또한 예리하게 번득이는 보검(靈鋒寶劍)이라고도 한다."[65] 한산寒山의 시에는 "항상 지혜의 검을 쥐고

---

63 살적殺賊 : 아라한(Ⓢarhat)의 번역어 중 하나. 보통 살적殺賊·응공應供·무생無生 등 세 가지 뜻으로 번역한다. 『大般涅槃經疏』 권18(T38, 145b8), "범어 음사어인 아라하에는 세 가지 뜻이 있다. 살적·불생(무생)·응공을 말한다.(梵云阿羅訶有三義. 謂殺賊·不生·應供.)" 『一切經音義』 권25(T54, 463c22), "아라한【한역하여 무생無生이라 하고 살적이라고도 한다. 업業의 속박이 사라져 삼계三界를 이미 넘어섰다는 뜻이다.】(阿羅漢【此云無生, 或云殺賊. 業結斯亡, 已超三有.】)" 『大智度論』 권2(T25, 71b19), "또한 아라하라고도 하는데, 무엇을 가리켜 아라하라 하는가? '아라'는 적賊, '하'는 살殺을 뜻하니 이를 살적이라 한다.(復名阿羅呵, 云何名阿羅呵? 阿羅名賊, 呵名殺, 是名殺賊.)"

64 『般若心經』(T8, 849c17).

65 진각 국사眞覺國師 혜심慧諶의 말이다. 『眞覺國師語錄』 「示默雷禪人」(H6, 24b).

서, 번뇌라는 도적을 물리치고자 한다."[66]고 하였고, 『화엄경』「여래출현품」에는 "성문의 중생을 구제하기 위하여 큰 법의 비를 내리니, 이것을 지혜의 칼로써 모든 번뇌의 원적怨賊을 베어 버린다고 한다."[67]라고 하였다.】

又以修斷而言之, 慧能斷惑之謂殺, 智能照眞之謂活. 類如阿羅漢, 此飜爲殺賊. 斷殺無明賊, 活現法身佛, 此莫非金剛般若之神力也.【祖師云, "是大神呪, 大明呪, 无上呪,[1)] 能除一切苦, 眞實不虛. 是名無盡陀羅尼藏, 亦名靈鋒寶劍." 寒山詩云, "常持智慧劍, 擬破煩惱賊." 華嚴經如來現相品[2)]云, "爲求聲聞衆生, 雨大法,[3)] 名以智劒斷一切煩惱怨."】

1) 역 '无上呪' 다음에 '無等等呪'가 탈락되었다. 2) 역 '如來現相品'은 '如來出現品'을 잘못 쓴 것이다. 3) 역 '法' 다음에 '雨'가 탈락되었다.

옛사람은 여기에 검劒 자를 붙여서 "이 검은 사람을 죽일 수도 있고 사람을 살릴 수도 있다."[68]라고 하였으니, 수행자의

66 『寒山子詩集』(J20, 660c22).

67 『華嚴經』 권51(T10, 270b22).

68 정확히 일치하는 구절은 없지만, 조사선 일반에서는 죽이기도 하고 살리기도 하며 살활殺活 어느 편으로나 자유자재로 휘두르는 검으로 본분의 선기禪機를 나타낸다. 『碧巖錄』 75則 「垂示」(T48, 202b7), "예리하게 번득이는 보검이 항상 눈앞에 드러나 사람을 죽이기도 하고 사람을 살리기도 한다. 저편에도 있고 이편에도 있으며 얻을 때는 함께 얻고 잃을 때는 함께 잃는다. 우리가 붙들고 지키고자 하면 붙들고 지키는 대로

끊어 없애는 지혜를 비유한 말이다. 영가 현각永嘉玄覺은 "반야의 칼날이여, 금강왕金剛王의 불꽃과 같이 거세구나."[69]라고 하였으며, 임제는 "지혜의 칼 뽑았지만 베어 낼 것 하나도 없다."라고 하였다.【임제가 대중에게 말했다. "누구라도 도를 행하고자 하면 도는 행하여지지 않고, 온갖 종류의 삿된 경계가 다투어 일어나리라. 지혜의 칼 뽑았지만 베어 낼 것 하나도 없으니, 차별의 현상(明頭) 드러나기도 전에 평등한 이치(暗頭)[70] 드러난다네."】

(提持 : 殺) 할 수 있고, 평탄하게 펼쳐 보이고자 하면 평탄하게 펼쳐 보이는 대로(平展 : 活) 할 수 있다.(靈鋒寶劍, 常露現前, 亦能殺人, 亦能活人. 在彼在此, 同得同失. 若要提持, 一任提持, 若要平展, 一任平展.)"『廣教省語錄』古尊宿語錄23(X68, 151c7), "이 종문 중에서는 사람을 죽이기도 하고 사람을 살리기도 한다. 사람을 죽이려면 사람을 죽이는 칼을 가져야 하며, 사람을 살리려면 사람을 살리는 구절을 가지고 있어야 한다. 사람을 죽이는 칼과 사람을 살리는 구절이란 어떤 것일까? 바르게 말할 수 있는 사람은 나와서 대중들에게 말해 보라! 만일 제대로 말을 하지 못한다면 평상시에 드러난 소식을 전혀 몰랐다는 뜻이다.(此宗門中, 亦能殺人, 亦能活人. 殺人, 須得殺人刀 ; 活人, 須得活人句. 作麼生是殺人刀活人句? 道得底出來, 對衆道看! 若是道不得, 卽辜負平生.)"

69 공空을 아는 지혜를 반야의 칼날로 묘사했다.『景德傳燈錄』권30「永嘉證道歌」(T51, 460c9), "대장부여, 지혜의 칼을 잡았구나! 반야의 칼날이여, 금강왕의 불꽃과 같이 거세구나! 비단 외도의 마음을 꺾을 수 있을 뿐만 아니라, 일찍이 천마의 간담까지 떨어뜨렸도다.(大丈夫, 秉慧劍! 般若鋒兮, 金剛焰! 非但能摧外道心, 早曾落卻天魔膽.)"

70 명두明頭는 뚜렷하게 드러나 있는 천차만별의 현상, 암두暗頭는 이것과 저것이 구별되지 않아 마치 어둠 속에 있는 듯한 무차별의 평등한 경계. 칼을 뽑아들었으나 베어 버릴 대상이 하나도 없는 상태가 무차별의 평등한 경계와 상응한다.

古人於此安着劒字曰, "此劒, 亦能殺人, 亦能活人." 盖喻行人能斷之智慧也. 永嘉曰, "般若鋒兮金剛鋯.[1)]" 臨濟曰, "智劒出來無一物."【臨濟示衆曰, "若人行道道不行, 萬般邪境競頭生. 智劒出來無一物, 明頭未現暗頭明."】

1) ㉮ '鋯'은 '焰'의 오자이다.

칼자루가 손아귀에 들려 있는 이 순간에 대나무에 붙어 사는 귀신[71]을 베어 버리고 하늘까지 뻗친 칡넝쿨을 잘라내어라. 사람도 죽이고 귀신도 죽이며, 부처도 죽이고 조사도 죽이며, 자기 몸과 더불어 마음까지 함께 죽여야 한다.【마땅히 부처에 집착하지 말고 구하며 조사에 집착하지 말고 구하라. 만일 집착하면 부처와 조사가 다시 원적怨賊이 될 것이니[72] 몸과 마음에 애착하는 것도 그

71 대나무에 붙어 사는 귀신(竹木精靈) : 다른 대상에 의존하여 벗어나지 못하는 부자유스러운 의식. 온갖 관념의 틀에 얽매여 있는 마음이 마치 대나무에 깃들어 그로부터 떨어지지 못하는 귀신과 같다는 뜻이다. 이것도 앞의 말과 마찬가지로 임제에게서 빌려왔다. 『臨濟錄』(T47, 500b28), "산승은 다른 사람에게 전해 줄 법은 하나도 없고, 다만 병을 고치고 속박을 풀어 줄 뿐이다. 그대들 여러 선문에서 도를 추구하는 무리들이여! 어떤 것에도 의존하지 말고 한번 나와 보라. 내 그대들과 더불어 법에 대해 문답하고자 한다. 15년 동안 그런 사람이 하나도 없었고, 모두들 풀이나 나뭇잎에 의지하여 살고 대나무에 붙어 사는 귀신과 도깨비 들이며 똥덩어리를 마구 씹어 먹는 자들뿐이었다.(山僧無一法與人, 祇是治病解縛. 爾諸方道流! 試不依物出來. 我要共爾商量. 十年五歲, 並無一人, 皆是依草附葉, 竹木精靈, 野狐精魅, 向一切糞塊上亂咬.)"

72 이 또한 『臨濟錄』(T47, 499c21)에, "그대가 만일 부처를 구한다면 부처

렇다. 마음은 의식意識이다.】

이상은 '사람을 죽일 수도 있다'고 한 말의 근거이니 사람을 죽이는 칼(殺人刀)이라 할 만하다.

우리가 본래 부처이지만 부처가 되지 못하는 까닭은 정식情識의 분별이 본성의 바다(性海)에서 물결치며 치솟고, 문자라는 칡넝쿨이 마음밭을 얽어매고 있기 때문이다. 사람으로 분간하고 귀신으로 가르며 부처를 구하고 조사에 집착하면서 자신이 뛰어나다는 진실을 믿지 않고 기꺼이 하열한 인간이 되고자 하다가 한번 휘두른 지혜의 검에 남김없이 모조리 죽는 지경에 이르렀다. 여기서 갠지스 강의 모래알과 같이 무수한 성덕聖德과 헤아릴 수 없이 많은 묘용妙用을 한꺼번에 갖추게 되는 것이다. 여기까지 이르면 사람이나 귀신이나 조사나 부처나 원래 나에게 달려 있으며 진실하고 변함없는 한 집안

라는 마구니에 사로잡힐 것이고, 만일 조사를 구한다면 조사라는 마구니에 사로잡힐 것이다. 그대가 구하는 일이 있기만 하면 무엇이나 괴로움이 되고 말기에 아무 일도 없는 것만 못하다.(爾若求佛, 卽被佛魔攝 ; 爾若求祖, 卽被祖魔縛. 爾若有求皆苦, 不如無事.)"라고 한 임제의 말, 그리고 『維摩經』 권1(T14, 526c27)에서 "법을 구하는 자는 부처에 집착하지 말고 구하며, 법에 집착하지 말고 구하고, 승단(衆)에 집착하지 말고 구하라.(夫求法者, 不著佛求, 不著法求, 不著衆求.)"고 한 구절 등과 밀접하게 관련된다. 『松源語錄』 권하 「惠文伯居士請贊」(X70, 105c20), "부처에 집착하여 구하지 말고, 법에 집착하여 구하지 마라. 인천 대중의 스승이 되는 안목으로 보면 부처와 조사가 모두 원수이다.(不著佛求, 不著法求. 人天眼目, 佛祖冤讎.)"

의 존재들로서 동일한 본체이면서 다른 작용은 없다. 이러면 사람도 안착하고 귀신도 안착하며 부처도 안착하고 조사도 안착한다.

이상은 '사람을 살릴 수도 있다'고 한 말의 근거이니 사람을 살리는 검(活人劍)이라 할 만하다.

正當欛柄在手, 斬斷竹木精靈, 截斷彌天葛藤. 人也殺, 鬼也殺, 佛也殺, 祖也殺, 幷與自身, 和心同殺.【宜乎不着佛求, 不著祖求. 若著之, 則佛祖還爲怨賊, 身心愛著則亦然. 心則意識也.】此其所以亦能殺人處, 便可名殺人刀也. 我本佛也, 所以不得爲佛者, 以其精[1]識之分別, 波騰於性海；文字之葛藤, 羂繞於心田. 分人別鬼, 求佛著祖, 不信自殊勝, 甘作下劣人, 及乎智劍一揮, 都殺了無餘. 於是乎, 恒沙聖德, 無量妙用, 一時具足. 到這裏, 人鬼祖佛元在我, 眞常家裡, 同體而無異用. 是則人也安, 鬼也安, 佛也安, 祖也安. 此其所[2]亦能活人處, 便可名活人劍也.

1) ㉠ '精'은 '情'의 오자이다. 2) ㉠ '所' 다음에 '以'가 탈락되었다.

어떤 사람은 살활殺活이라는 두 글자를 마주치는 대상마다 짝지우지만 그것이 유래한 이치를 모르기 때문에 짝이 잘못 섞이거나 어긋나는 경우가 많다.

今有人以殺活二字, 觸處配之, 而不知其所自來義故, 便多錯雜違越處.

제4장 진공묘유변眞空妙有辨

1. 백파의 설

● 일심의 본체에 본디 불변不變과 수연隨緣[73]이라는 두 가지 이치가 갖추어져 있다. 일심의 변하지 않는 측면(不變)은 묘사할 이름도 전혀 없고 드러낼 차별상도 사라져 남김없이 쓸어 없앤 격이므로 '진공眞空'이라 한다. 일심의 인연에 따라 움직이는 측면(隨緣)은 만법을 건립하며 무수하게 변화하므로 '묘유妙有'라 한다. 또한 이름과 차별상이 일제히 나타나기 때문에 무수한 이름과 수많은 차별상을 지니며, 8만의 번뇌(塵勞)[74]와 삼계에 존재하는 아홉 부류의 중생[75]과 허다한 이름·

---

73 불변수연不變隨緣 : 『大乘起信論』의 기반이 되는 사유구조이다. 불변은 불생불멸不生不滅의 진여문眞如門이고 수연은 생성과 소멸이 발생하는 생멸문生滅門인데 이것을 일심이문一心二門이라 한다.

74 팔만진로八萬塵勞 : 번뇌를 총괄하는 말. 보통은 팔만사천八萬四千이라 한다.

차별상에 이르기까지 서로 의존하여 천차만별의 변화를 발휘하므로 묘유라 한다.

六隱老之言曰, "一心體上, 本具不變隨緣二義. 心不變, 則離名絶相, 掃蕩無餘, 故名曰眞空; 心隨緣, 則建立萬法, 千變萬化, 故名曰妙有. 又名相齊現, 故有千名萬相, 乃至八萬塵勞, 三綱[1]九類, 許多名相, 互相發揮, 千變萬化, 故名妙有."

1) 역 '綱'은 '界'의 오자이다.

2. 초의의 비판

1) 영가 현각永嘉玄覺의 설 인증

영가 현각이 말했다. "깊은 종지를 미묘하게 알아차리려면

75 삼계구류三界九類 : 욕계欲界 · 색계色界 · 무색계無色界 등 삼계에 사는 모든 중생을 아홉 가지 유형으로 분류한 것. 『金剛經』(T8, 749a6) 등에 나오는 설이다. 삼계에 공통되는 네 가지 중생은 태생胎生 · 난생卵生 · 습생濕生 · 화생化生이고, 색계의 중생은 유색有色, 무색계의 중생은 무색無色이다. 그 나머지 세 부류는 다음과 같다. 유상有想은 무색계 중 무상천無想天을 제외한 다른 모든 천天의 중생, 무상無想은 색계 제4선천第四禪天에 속하는 무상천의 중생, 비유상비무상非有想非無想은 무색계 제4선천인 비상비비상천非想非非想天의 중생이다.

반드시 먼저 어리석음과 지혜의 차이점을 살펴야 하고, 만일 어리석음과 지혜의 차이점을 살피려면 진심과 망념의 본질을 분명히 밝혀야 하며, 진심과 망념의 본질을 분명히 밝히려면 또한 이름과 그것이 지시하는 본체를 궁구해야 한다. 이름과 본체가 구분되면 진심과 망념도 저절로 뚜렷이 갈라질 것이다."[76]

진공眞空과 묘유妙有의 도리는 여기에 드러난다. 허망한 법은 이름은 있지만 본체는 없으니 거북의 털에 비유하고, 진실한 법은 이름도 있고 본체도 있기 때문에 거울 속의 영상에 비유한다. 이름과 본체를 궁구하여 헤아리면 허망과 진실이 저절로 밝혀질 것이다. 그러므로 "모든 법은 인연을 따를 뿐 원래 자신의 독립적인 본체(自體)는 없다. 따라서 인연이 모여서 성립된 유有는 유이지만 유가 아니고, 본성이 공空인 이치로서의 무無는 무이지만 무가 아니다."[77]라고 한 뜻을 알 수 있다.

永嘉曰, "夫欲妙識玄宗, 必先審其愚智 ; 若欲審其愚智, 善須明其眞妄 ; 若欲明其眞妄, 復當究其名體. 名體若分, 眞妄自辨." 眞空妙有之義, 於是乎顯矣. 夫妄法有名而無體, 況之

---

76 『禪宗永嘉集』(T48, 393b20).

77 위의 책, 393c21 이하의 인용. 글자의 출입이 있다.

龜毛；眞法有名而有體故，喻之鏡像. 究名體而推之，虛實自明. 故知，"萬法從緣，元無自體. 是以，綠[1)]會之有，有而非有；性空之無，無而非無."

1) ㉮ '綠'은 '緣'인 듯하다.

2) 장사 경잠長沙景岑의 설 인증

또한 장사 경잠 화상은 "가유假有는 원래 유가 아니고, 가무假無는 원래 무가 아니다."[78]라고 하였으며, 달마는 "유루有漏의 인과는 그림자가 형체를 따르는 것과 같아서 비록 있어도 실체가 아니다."[79]라고 하였다.

부처님은 "인연으로 발생한 법을 나는 공空이라 한다."[80]라고 하였고, 논에서는 "삼계 전체는 허위虛僞이며,【규산圭山[81]은

78 『景德傳燈錄』 권3 「慧可傳」(T51, 221a19)의 세주細註. 가유와 가무는 모두 인연의 화합으로 성립되는 '유有'와 인연의 흩어짐으로 사라지는 '무無'를 나타낸다. 자신의 독립적 실체가 없이 유와 무로 성립되므로 임시 설정이라는 뜻에서 '가假'라 한다. '가'는 임시의 화합·무자성無自性 등의 뜻을 내포하며, 실체를 지닌 실유實有·정유定有 등의 상대어이다.

79 양무제가 달마에게 자신이 절을 짓고 경전을 베끼고 출가를 허용하는 등의 일을 하였는데 그 결과로 무슨 공덕이 따르겠느냐고 질문한 것에 대한 달마의 대답이다.『景德傳燈錄』 권3 「達磨傳」(T51, 219a24).

80 『中論』「觀四諦品」(T30, 33b15).

81 규산圭山 : 규봉 종밀圭峯宗密(780~841)의 호. 아래 인용은 규봉이 아니라 법장法藏(643~712)의 말이므로 착오로 보인다.

말한다. "이 마음이 훈습되는 대상에 따라 그와 비슷하게 나타나는 것을 '허虛'라 하고, 그 허의 본질(體)을 숨기고 실상을 거짓으로 나타내는 것을 '위僞'라 한다. 허위虛僞로 드러나는 상相에는 비록 갖가지 차별이 있지만, 인연을 버리면 자신의 힘으로 서지 못한다."[82]】 오로지 마음이 만들어 낸 허상일 뿐이니, 마음을 떠나면 육진六塵[83]의 경계는 없다. 모든 법은 거울에 비친 영상과 같아서 얻을 수 있는 실체가 없고 오로지 허망한 현상일 뿐이다."[84]라고 하였다.

又長沙岑和尙云, "假有元非有, 假無元非無." 達摩云, "有漏因果, 如影隨形, 雖有非實." 佛云, "因緣所生法, 我說卽是空." 論云, "三界虛僞.【圭山曰, "此心, 隨熏現似曰虛, 隱其虛體, 詐現實相曰僞. 虛僞之相, 雖有種種, 捨緣不自立.】 唯心所作, 離心卽無六塵境界. 以一切法, 如鏡中像, 無體可得, 唯是虛妄."

82 법장法藏의 『大乘起信論義記』 권중본(T44, 265b27). 인용문 끝부분의 "인연을 버리면 자신의 힘으로 서지 못한다."라는 구절은 원문에는 없으며, 그 대신 "그 인연을 궁구해 보면 마음이 지어낸 것일 뿐이다.(然窮其因緣, 唯心作也.)"라고 되어 있다.

83 육진六塵 : 안眼·이耳·비鼻·설舌·신身·의意라는 여섯 가지 인식기관(六根)의 대상이 되는 색色·성聲·향香·미味·촉觸·법法 등 여섯 가지 경계.

84 『大乘起信論』(T32, 577b16). 중간에 생략한 구절이 있다.

3) 『기신론起信論』의 설 인증

최근에 육은 노인(백파)이라는 분이 인연을 따라(隨緣) 존재하는 허위의 이름과 차별상들을 독단적으로 '묘유'라고 판별하였다. 아, 될 법이나 한 소리인가!

예전에 이미 '진공은 공 자체가 아니고, 묘유는 유 자체가 아니다'[85]라는 말을 들었는데, 이는 유와 떨어지지 않는(卽) 공이라야 진공이요, 공과 떨어지지 않는 유라야 묘유라는 뜻이다.

『기신론』[86]에 따르면, "진여란 무엇인가? 언설에 의지하여 그 특징을 분별하면 두 가지 뜻이 있다. 첫째는 '진실 그대로의 공(如實空)'【진실 그대로의 경계 안에는 거짓과 오염이 전혀 없다.[87]】이니, 결국에는 진실을 나타낼 수 있기 때문이다.【아래 나오는 '번뇌 없는(無漏) 본성의 공덕'과 같다.】"라고 한다. 이것은 '유와 떨어지지 않는 공이 아니라면 진공이라 할 수 있는가?'라는 뜻이다. 그러므로 '진공은 공 자체가 아니다'라고 한 것이다.

---

85 굉지 정각宏智正覺의 말. 『宏智廣錄』 권4(T48, 38c24). 이어서 "이는 만상이 발생하는 뿌리요 이의二儀(陰과 陽)를 조화시키는 어미이다.(是萬象生成之根, 卽二儀造化之母.)"라고 한다.

86 이하는 『大乘起信論』(T32, 576a24)을 인용하고 각 구절에 대하여 간명한 해설을 달았다.

87 『大乘起信論義記』 권중본(T44, 253c2).

(『기신론』에) "둘째는 '진실 그대로의 불공(如實不空)'이니, 자신의 본체【위에서 말한 여실공如實空이다.】에 번뇌 없는 본성의 공덕을 갖추고 있기 때문이다."라고 하였다. 이것은 '공과 떨어지지 않는 유가 아니라면 묘유라 할 수 있는가?'라는 뜻이다. 그러므로 '묘유는 유 자체가 아니다'라고 한 것이다.

近有六隱老人, 以隨緣所有虛僞名相, 獨辨之爲妙有. 烏乎, 可哉! 嘗聞, '眞空不空, 妙有不有.' 卽有之空, 方是眞空 ; 卽空之有, 方是妙有. 如起信論云, "眞如者, 依言說分別相,[1)]有二種義. 一者, 如實空【此如實之中, 空无妄染】, 而[2)]能究竟現實故【卽下無漏聖[3)]功德】." 此非卽有之空, 爲眞空乎? 故曰, '眞空不空.' "二者, 如實不空, 以有自體【卽上如實空】具足無漏聖[4)]功德故." 此非卽空之有, 爲妙有乎? 故曰, '妙有不有.'

1) ㉔『大乘起信論』(T32, 576a24)에는 '相'이 없다. 2) ㉔『大乘起信論』(T32, 576a25)에는 '而'가 '以'로 되어 있다. 3) ㉔ '聖'은 '性'의 오자이다. 4) ㉔ '聖'은 '性'의 오자이다.

4) 진심眞心과 망심妄心으로 본 진공묘유의 참뜻

『화엄기』[88]에 "자성 그대로 청정한 마음(自性淸淨心)이 망상

88 인용문은 청량 징관淸凉澄觀의 『華嚴經疏鈔』 권24(T36, 185c16) 이하의 단락이다. 진공과 묘유라는 주제에 맞추기 위하여 인용한 원전의 내

과 합하지 않은 상태를 가리켜 진공이라 하고, 본성에 무수한 덕이 갖추어져 있는 것은 묘유라 한다."라고 한다. 그러나 이것은 다만 진심을 기준으로 삼아 공과 유에 대하여 언급한 것이므로 '진공·묘유'라 한다. 망심을 기준으로 삼아 공과 유에 대하여 말하자면 반드시 '단공斷空[89]·가유假有'라 하고, '진공·묘유'라 하지 않는다. 무슨 근거로 그렇다는 사실을 아는가?

영명 연수永明延壽는 이렇게 말한다. "진심과 망심은 각각 성性과 상相을 가지고 있다. 또한 진심은 밝은 앎(靈知)과 고요하게 비추는 작용을 마음으로 삼고, 텅 비지 않고 머무름도 없는 것을 본체로 삼으며, 실상實相을 상으로 삼는다.【이는 공이 묘유의 공이기 때문에 유도 진공의 유라는 뜻이다.】 망심은 육진六塵이

용을 의도적으로 뜯어고쳤다.

89 단공斷空 : 공은 색色의 이치일 뿐 색을 벗어나 별도로 존재하는 실체가 아니기 때문에 색과 단절된 공(斷空)은 진공眞空이 아니다. 『註華嚴法界觀門』(T45, 685a13), "단공이란 텅 비어 모든 색이 다 소멸한 것이니 진실한 마음이 아니다. 어떤 분별도 없고 아무런 작용도 없어서 만법 그 어디에도 나타날 수 없기 때문이다. 이것에는 두 가지 종류가 있으니 색을 떠나서 밝혀지는 공(離色空)과 색을 완전히 소멸한 뒤 나타나는 공(斷滅空)이 그것이다. 이색공離色空이란 공이 색을 벗어나 있는 것이니 마치 담장 안은 비지 않았지만 담장 밖은 비었다는 것과 같다. 단멸공斷滅空이란 색을 소멸시키고 공을 밝히는 것이니 마치 우물을 팔 때 흙을 제거하고 생기는 공간과 같다.(斷空者, 虛豁斷滅, 非眞實心. 無知無用, 不能現於萬法. 此有二種, 謂離色明空, 及斷滅空. 離色空者, 空在色外, 如牆處不空, 牆外是空. 斷滅空者, 滅色明空, 如穿井除土出空.)"

라는 대상의 그림자를 마음으로 삼고,[90] 자성이 없는 것을 본체로 삼으며, 대상에 올라타고 일으키는 사유분별을 상으로 삼는다.【이는 유가 허위의 유이기 때문에 공 또한 단공의 공이라는 뜻이다.】 이와 같이 대상에 대한 분별에 의해 깨우치거나 아는 망심에는 원래 그 자신의 본체는 없고 다만 눈앞의 대상(塵)이 경계를 따라 있거나 없을 뿐이다. 경계가 다가오면 (대상도) 발생하고 경계가 물러나면 소멸하여 대상마다 마음마다 각각 자신의 독립된 본성(自性)은 없고 오로지 (오거나 가고 생성하거나 소멸하는) 인연의 작용일 따름이다."[91]

華嚴記云, "自性淸淨心, 不與妄合, 卽名眞[1)]空 ; 性具萬德, 卽名妙有.[2)]" 然此但約眞心而論空有, 故曰, '眞空妙有.' 約妄心而言空有, 則必曰, '斷空假有.' 不曰, '眞空妙有.' 何以知其然也? 永明云, "眞心妄心, 各有性相. 且眞心以靈知寂照爲心, 不空無住爲體, 實相爲相.【此則空是妙有之空故, 有是眞空之有也.】 妄心以六塵緣影爲心, 無性爲體, 攀緣思慮爲相.【此則有是虛僞之有故, 空亦斷空之空.】 如[3)]此緣慮覺了能知之妄心, 元[4)]無自體, 但是前塵隨境有無. 境來則生, 境去則滅, 境境心心, 各

90 『圓覺經』(T17, 913b24).
91 영명 연수永明延壽의 『心賦注』 권1(X63, 105b23). 마지막 구절에는 인용에 생략이 있다.

自無性, 唯是因緣而已.”

1) ㉮ ‘眞’은 ‘爲’를 의도적으로 대체한 글자이다. 2) ㉮ ‘妙有’는 ‘不空’을 의도적으로 대체한 글자이다. 3) ㉮『心賦注』에는 ‘如’가 없다. 4) ㉮『心賦注』에는 ‘元’이 ‘而’로 되어 있다.

이와 같이 대상의 그림자에는 이름만 있고 실체가 없거늘 어떻게 묘유라 할 수 있겠는가! 이는 다른 이유가 아니니, 그들이 이름과 본체를 바르게 궁구하지 않은 채 우리를 진심과 망심으로 이끌어 진심과 망심 그 어느 것에 대해서도 하나같이 침침하도록 만들고, 공과 유 어느 편에 대해서도 모두 어둡도록 했기 때문이다.

인도의 외도들은 본래 불법의 영향 속에 있다가 공과 유 두 가지 뜻을 잘못 이해하여 점차로 변한 결과 62가지 견해에 이르고 96종류로 나뉘게 되었다.[92]

如此緣影之有名無體者, 焉得謂之妙有哉! 此非他由, 其不究名體, 而率你于眞妄, 眞妄一昧, 空有遂暗. 西天外道, 本在佛法中, 錯解空有二義, 轉變至於六十二見, 分成九十六種.

92 인도 외도들의 견해와 종류를 총괄한다.『正法華經』권5(T9, 95c29),『賢劫經』권1(T14, 6c17) 등 참조.

백장 회해百丈懷海를 만나기 이전[93]에 인과因果에 대하여 잘못 대답한 죄로 여우의 몸에 떨어진 노인의 일화가 있다.[94] 이 이야기는 이치를 푸는 자들이 가장 상세하게 갖추어 분명하게 알아야 할 과제이다.[95] 일찍이 듣자 하니, "법에 의존하고 사람에 의존하지 말며, 요의경了義經에 의지하고 불료의경不了義經에 의지하지 마라."[96]라고 하였다. 앞에서 이미 법에 의지하여 간략하게 공과 유의 뜻을 밝혔으니, 여기서는 요의경에 의지하여 진심과 망심의 뜻을 증명해 보겠다.

『화엄경』에 이렇게 전한다. 【「수미정상게찬품」의 게송】[97]

---

93 보통 '전백장前百丈'이라 하지만 여기에는 '고백장古百丈'으로 되어 있다. 백장을 만나 인과에 대한 바른 대답을 듣기 이전에 생과 사를 반복하며 오백 번 윤회했던 오백생五百生을 가리킨다.

94 『禪門拈頌說話』 184則 참조.

95 백파 등이 착각하고 있는 선론禪論이 여우의 몸에 떨어지게 된 노인의 잘못된 대답과 같이 윤회의 과보를 받는 원인이 될 수 있다는 경고이다. 백파에 대한 비판에 골몰하여 다소 분에 넘친다는 느낌을 준다.

96 수행자가 의지하여야 할 네 가지 바른 법(正法) 중 두 가지. 40권본 『大般涅槃經』 권6(T12, 401b27)에 나온다. 나머지 두 가지는 "뜻에 의지하고 말에 의지하지 말며, 지혜에 의지하고 식識에 의지하지 말라(依義不依語, 依智不依識)"는 것이다. 요의경이란 궁극적인 도리를 남김없이 설한 경전, 불료의경은 근본적인 진리의 관점에서 볼 때는 미진한 경전을 말한다.

97 이하는 연속된 인용이 아니라 이곳저곳에서 네 구절이나 두 구절씩 게송을 절단한 뒤 전후의 순서도 모조리 무시하고 멋대로 경전을 재구성하는 파격을 보이고 있다.

모든 법에 진실 없거늘, 진실하다는 상에 헛되이 집착하니,

이 때문에 모든 범부들, 생과 사의 감옥을 번갈아 돈다네.[98]

모든 법 관찰해 보자면, 자성이라곤 전혀 지니지 않았으니,

혹 생멸하는 상 있다면, 다만 가명으로 말한 것일 뿐이라.[99]

언어로 전한 이 법들을, 중생들 부질없이 분별하고 있으니,[100]

맑고 깨끗한 눈 더럽혀, 어리석고 사특한 견해만 늘어나네.[101]

여기 그 무엇도 없지만, 잠시 설정한 이름으로 나타낼 뿐,[102]

그 이름 뒤좇아다니면, 성스럽고 미묘한 도 알지 못하리.[103]

이처럼 지혜의 눈 없어, 생과 사의 감옥 반복하여 떠돈다.[104]

古百丈錯答因果, 隨墮野狐. 此解義者之最宜詳細而明辨者也. 嘗聞, "依法不依人, 依了義經不依不了義經." 前已依法, 略明空有之義, 今依了義經, 證正眞妄之義. 華嚴經云, 【須彌頂上偈贊品】

98 80권본 『華嚴經』 권16(T10, 82a22).
99 위의 책, 81c11.
100 위의 책, 82b21.
101 위의 책, 82b15.
102 위의 책, 83a3.
103 위의 책, 83a11. 이 두 구절은 그 사이에 두 구절을 생략하고 연결했다.
104 위의 책, 83a7. 이 두 구절도 앞과 마찬가지로 두 구절을 생략하고 연결한 것이다.

諸法無眞實, 妄取眞實相,

是故諸凡夫, 輪廻生死獄.

觀察於諸法, 自性無所有,

如其生滅相, 但是假名說.

言語所說法,[1] 衆生妄分別,

卽壞淸淨眼, 愚癡邪見增.

此中無少物, 但有假名字,

若逐假名字, 不知聖妙道.

此之無慧眼, 流轉生死獄.

1) ㉧『華嚴經』에는 '言語所說法'이 '世間言語法'으로 되어 있다.

옮긴이의 말

선禪이 잠들고 선사禪師의 명맥은 거의 끊어진 시대에 초의草衣는 백파白坡와 삼종선三種禪을 주제로 논쟁을 벌였다. 상이한 견해를 주고받으며 벌였던 그 논쟁이 얼핏 선문답과 통하는 듯이 보이기도 한다. 하지만 여기에 학자로서 논객의 면모는 나타나지만 살모사같이 독한 선사의 기운은 느껴지지 않는다. 이 논쟁으로 정보와 인식이 또 하나 주어졌지만 선은 여전히 깨어나지 못했고 선사는 논쟁에 잠시 들렀는지 말았는지 온데간데없다.

"선조가 당대에 할 일을 마치지 못하면 후손에게 재앙이 된다." 이것은 선사들이 문답이나 기연어구機緣語句를 평가할 때 즐겨 쓰는 구절이다. 그들은 의도적으로 어떤 일이건 완결하지 않으며 일 없는 곳에서도 고의로 후손을 곤경에 빠뜨린다. 주어진 문제에 대하여 확고하게 도장을 찍어 결정하지 않고 애매한 몸짓과 흐릿한 말투로 논란을 자초하는 방법이 도입된다. 이것이 재앙의 전략이다.

초의나 백파와 같은 논쟁 당사자들이라면 결코 취하지 말아야 할 자세이다. 그들은 확고하게 어느 한편을 결정하여 내세워야 한다. 꼬치꼬치 길을 안내하여 후손들이 헤매지 않도록 정답을 주어야 하기 때문이다. 조사나 선사는 그런 인물이 되고자 공을 들일 필요 없다. 그렇게 하여 따라가는 길 끝에는 그들의 무덤이 기다리고 있으리라. 선사라면 불친절하고 독하게 살아서 후손에게 재앙으로 남아야 한다.

예나 지금이나 사람들은 정연한 논리로 다듬어 분명하게 해답 내리기를 좋아하는 법인데 재앙을 몰고 다니는 선사들은 참으로 별난 취향을 가졌다 하지 않을 수 없다. 왜 굳이 이렇게 할까? 그들대로 전해야 할 진실이 있고 그것이 선사의 혼이기 때문이다. 그 의중을 최대한 살리고자 고안한 세련된 언어가 이렇게 상식적 감각을 등지고 재앙처럼 나타날 뿐이다.

선禪으로 조명하는 세계에는 어느 한편으로 결정할 수 있는 진실은 없다. 그것이 불가능하다는 통찰에 따라 이것인가 하면 저것으로 저것인가 하면 이것으로 마음껏 오가지만 또 하나의 문제를 남겨 줄 뿐 속 시원하게 한편으로 갈라주지는 않는다.

뚜렷하게 마무리 짓는 해답은 이것과 저것 사이의 긴장을 견디지 못한 정신의 피로를 씻으려고 스스로 선택한 좌초에 불과하다. 그것은 세상에 분명한 어조로 주장할 보기 좋은 말꾸러미는 되겠지만 거짓과 나태로 귀착된다.

죽은 물뱀은 징그러울 뿐인데 굵고 짧게 꿈틀대는 살모사의 움직임에서는 섬뜩한 기운이 느껴진다. 선사들은 본래 삼종선 논쟁 따위에서 발견할 수 없는 이런 재앙의 언어를 늘 품고 있다. 초의의 말이 죽은 물뱀과 같다고 평가할 수는 없지만 살모사의 독기가 없다는 사실만은 분명하다. 선禪이 빈사 상태에서 신음소리마저 잃고 숨통만 겨우 열어 놓고 있는 상황에서 그나마 물뱀으로서 디딤돌이 되고자 했으니 그 역할이 없지는 않았다.

기본기도 갖추지 못한 얼치기 논객들의 쓰레기 말로 난무하는 오늘날, 분명한 전거에 따라 움직이는 초의나 백파의 설은 감상할 만한 본보기가 된다. 하지만 이 논쟁이 지속되었다면 아마도 조사祖師 전통의 선종에는 크나큰 장애가 되었을 것이다. 여기서 역주자는 초의가 남긴 공적과 허물을 동시에 발견한다.

2012. 9.

김 영 욱

찾아보기

ㄱ

ㄴ

ㄷ

ㅁ

ㅂ

ㅅ

ㅇ

ㅊ

ㅌ

ㅍ

ㅎ